立ち食い寿司店も、ちょい飲みに好適なスポット。小樽駅「伊勢鮨駅中店」では、職人が握る本格的な寿司を味わえる(→P.19)

駅ナカ酒店の試飲コーナーは、地酒の飲み比べが楽しい。仙台駅「むとう屋」の飲みくらべセットにはそれぞれの酒の説明書きも付く(→P.27)

米沢牛の高級焼肉と高畠ワインを味わえるのは、高畠駅「駅のやきにく屋 さくらんぼ」。ちょっと贅沢な、大人の駅飲みだ(→P.36)

昭和レトロムード漂う、大宮駅の新名所「大宮横丁」。全国各地のご当地グルメを集めた、テーマパーク型駅酒場だ(→P.50)

品川駅「スタンドひおき」で人気の、ほんのりピンク色をしたバイスサワー。
東京下町のご当地サワーを、懐かしのリターナブル瓶で提供(→P.56)

国産ウイスキーで、ちょっと贅沢なハイボールを。隠れ家ムード満点の
上野駅「HIGHBALLS うえのステーション」でいただける(→P.63)

日本広しといえど、駅構内の階段にワインボトルが並ぶのは塩尻駅くらいだろう。駅ナカのワインバー「アイマニSHIOJIRI」にて（→P.84）

越後湯沢駅の「ぽんしゅ館」は、駅ナカの日本酒テーマパーク。利き酒コーナーも完備している（→P.91）

静岡駅「海ぼうず」で出合ったのは、緑色の静岡茶ビール。ビアカクテルの手法を使えば、ご当地ビールの可能性がおおいに広がる(→P.95)

大阪発祥のガリ酎ハイに出合ったのは、京橋駅「七津屋」。ガリがつまみにもなる、一石二鳥の酎ハイだ(→P.116)

関西の各鉄道会社をイメージした電鉄お茶ハイは、南海なんば駅「ニコニコゲンキ候」の名物。JR茶ハイは、ジャスミン茶と緑茶のブレンド（→P.127）

セルフサーバーからクラフトビールを注ぐのは、大和西大寺駅「YAMATO Beer Table」。サーバーは、自動的に角度を変えて泡の量を調整するすぐれもの（→P.137）

天然酵母から作る岡山のコチビールは、伊部駅「UDO」で飲める。瓶の底に澱が沈殿する、手作り感満点のビールだ(→P.147)

土佐の地酒を楽しめる、窪川駅「しまんとえきめしFORM」。升に入れたグラスに、なみなみと注いでくれる(→P.161)

クルーズトレイン「36ぷらす3」が折り返す肥前浜駅。日本初のホーム直結日本酒バー「HAMA BAR」で地酒の飲み比べを楽しめる(→P.181)

熊本駅「うしじま酒店」は、気軽に立ち寄れる角打ちコーナーを併設。くまモン柄の升は、写真映えも上々だ(→P.186)

〝駅酒場〟探訪

日本全国、「駅ナカ」でちょっと一杯

鈴木弘毅

イカロス出版

“駅酒場”探訪

CONTENTS

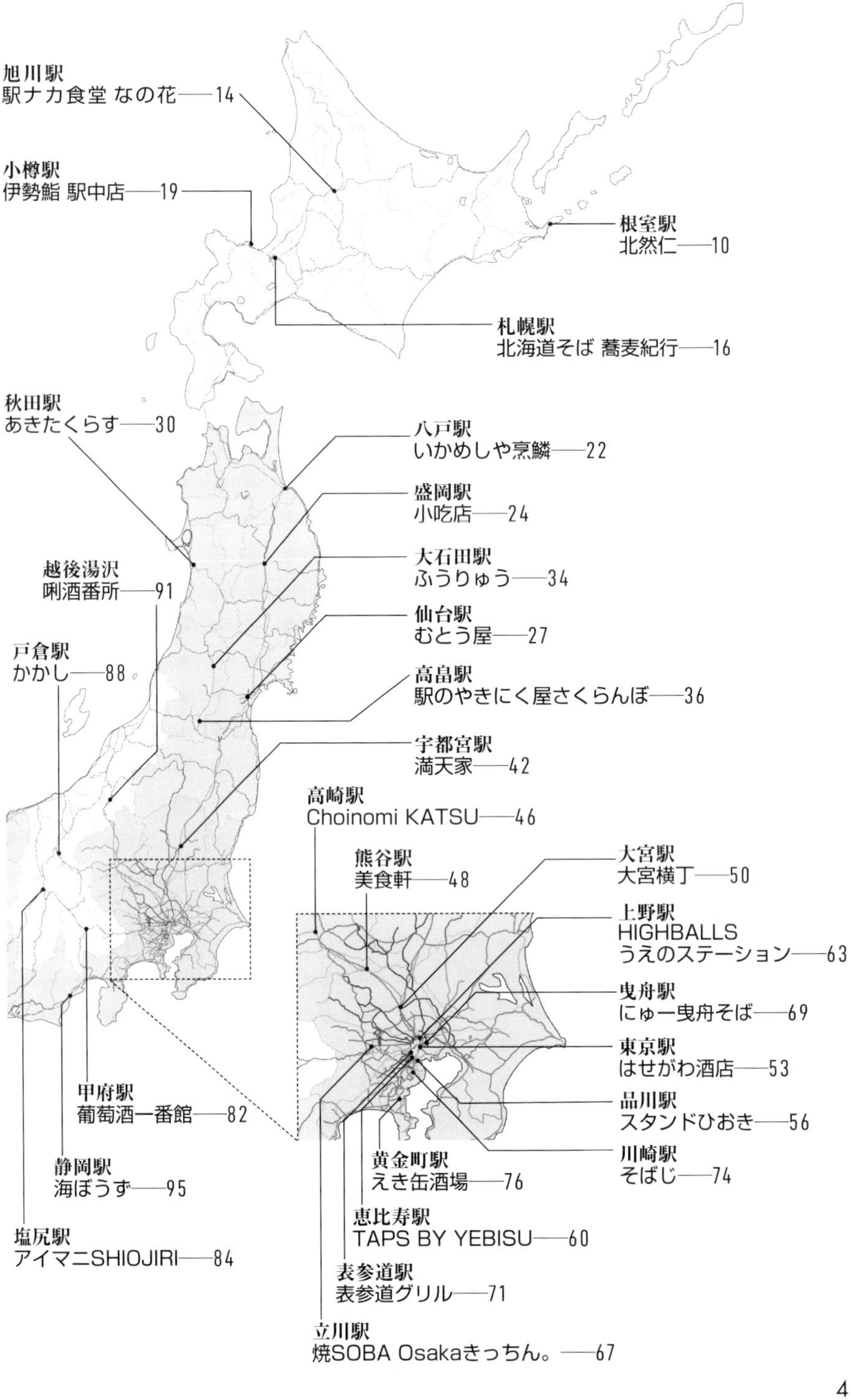
旭川駅
駅ナカ食堂 なの花——14
小樽駅
伊勢鮨 駅中店——19
根室駅
北然仁——10
札幌駅
北海道そば 蕎麦紀行——16
秋田駅
あきたくらす——30
八戸駅
いかめしや烹鱗——22
盛岡駅
小吃店——24
越後湯沢
唎酒番所——91
大石田駅
ふうりゅう——34
仙台駅
むとう屋——27
戸倉駅
かかし——88
高畠駅
駅のやきにく屋さくらんぼ——36
宇都宮駅
満天家——42
高崎駅
Choinomi KATSU——46
熊谷駅
美食軒——48
大宮駅
大宮横丁——50
上野駅
HIGHBALLS
うえのステーション——63
曳舟駅
にゅー曳舟そば——69
東京駅
はせがわ酒店——53
品川駅
スタンドひおき——56
甲府駅
葡萄酒一番館——82
川崎駅
そばじ——74
黄金町駅
えき缶酒場——76
静岡駅
海ぼうず——95
恵比寿駅
TAPS BY YEBISU——60
塩尻駅
アイマニSHIOJIRI——84
表参道駅
表参道グリル——71
立川駅
焼SOBA Osakaきっちん。——67

マップ作成：藤原未奈子（FROG）

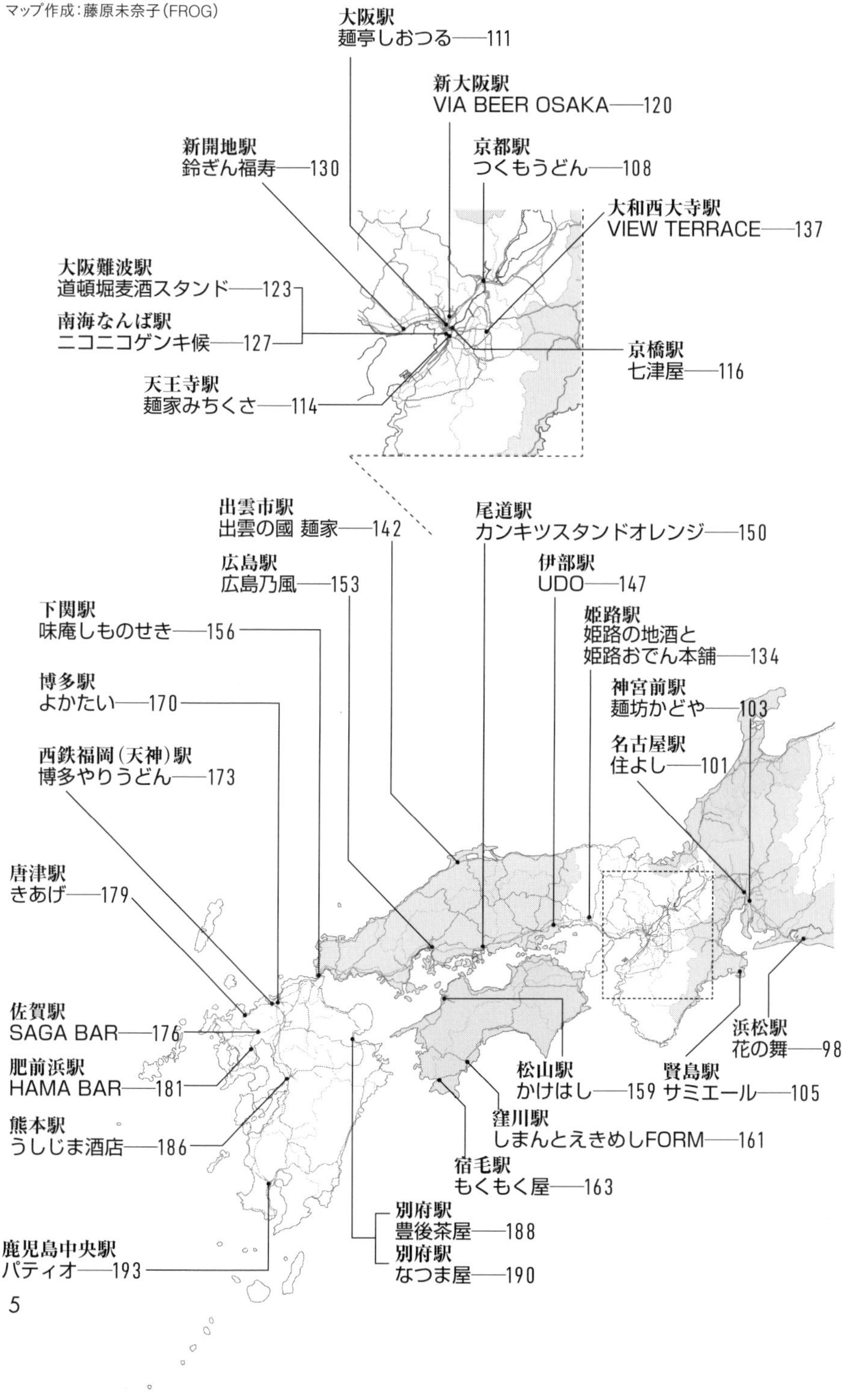
大阪駅
麺亭しおつる――111
新大阪駅
VIA BEER OSAKA――120
新開地駅
鈴ぎん福寿――130
京都駅
つくもうどん――108
大和西大寺駅
VIEW TERRACE――137
大阪難波駅
道頓堀麦酒スタンド――123
南海なんば駅
ニコニコゲンキ候――127
京橋駅
七津屋――116
天王寺駅
麺家みちくさ――114
出雲市駅
出雲の國 麺家――142
尾道駅
カンキツスタンドオレンジ――150
広島駅
広島乃風――153
伊部駅
UDO――147
下関駅
味庵しものせき――156
姫路駅
姫路の地酒と
姫路おでん本舗――134
博多駅
よかたい――170
神宮前駅
麺坊かどや――103
名古屋駅
住よし――101
西鉄福岡（天神）駅
博多やりうどん――173
唐津駅
きあげ――179
佐賀駅
SAGA BAR――176
浜松駅
花の舞――98
肥前浜駅
HAMA BAR――181
松山駅
かけはし――159
賢島駅
サミエール――105
熊本駅
うしじま酒店――186
窪川駅
しまんとえきめしFORM――161
宿毛駅
もくもく屋――163
別府駅
豊後茶屋――188
別府駅
なつま屋――190
鹿児島中央駅
パティオ――193

はじめに

2月。遂に、本企画の封を開くときがやってきた。テーマは、〝駅酒場〟。すなわち、鉄道駅構内で営業する酒場である。

私は、毎日酒を飲むわけではない。大量に飲むわけでもない。国内外の名だたる銘酒に精通しているわけでもなく、日常的に飲むのはもっぱら安酒だ。なぜ、そんな私が酒をテーマに一冊したためることになったのか。最初にその経緯を説明するために、少々誌面を割く必要がある。

事の発端は、2018年まで遡る。缶詰に特化したムック『今すぐ食べたい！ すごい缶詰150』（イカロス出版）へ寄稿する機会をいただき、黄金町駅「えき缶酒場」を取材してルポを掲載させていただいた。この店については本書の第2章で登場するのでここでは詳細を割愛するが、私の本領である「駅そば」の記事である。ただしこの店は、夕方以降に缶詰料理を中心に提供する立ち飲み屋に業態を変える店舗だ。私の領分である〝駅そば〟と、ムックのメインテーマである〝缶詰〟。両者が揃う店は、私が知る限り黄金町にしかない。

この記事が、想像していたより好評だった。そして私は、飲むのが好きなだけでろくに蘊蓄を披露できない私でも酒の記事が書けるのだということに気づく。酒に特化するのではなくつまみの料理や店の雰囲気、スタイルや立地などあらゆる観点から多角的に考察を加えていけば、〝駅飲み〟をテーマとした単行本を世に出すことができるのではないかと思い至った。私は、酒については素人だが、引き出しの中には長年の駅そば研究の成果が蓄積されており、駅ナカ事情については語れるものがあると自負している。その経験を活かせば、独自の考察を加えた、むしろ酒のプロには書けない一冊を世に投じることができるのではないか。そう考えていた。

鉄は熱いうちに打て。熱が冷めないうちに全国リサーチを進め、なるべく早く企画を立ち上げようと思っていた。しかし、そんな矢先に、新型コロナウイルス感染症（以降「コロナ」）がパンデミックを引き起こすことになってしまった。2019年末に中国の武漢で発生し、2020年には日本を含む世界中で蔓延。これ以降、とりわけ酒の提供を伴う飲食店での集団感染が批判的に報じられる機会が多くなった。いっときは全面的な営業自粛、その後も夜間営業の自粛が呼びかけられ、酒をテーマにした作品を世に出しづらくなってしまったのだ。

それから3年。ワクチン接種が進んで人々が街に戻り、その顔からはマスクが外れた。昼夜を問わず、飲食店にも活気が戻ってきた。ようやく機が熟した。

本書は、酒のスペシャリストではなく駅ナカグルメのスペシャリストが綴る駅酒場本である。そのため、本編で登場する個々の酒の説明については、至らない部分が多々あるだろう。その不足分を、私の本領である駅ナカグルメの見地から考察を加えることで補っていこうと思う。酒や料理といったソフトの部分にももちろん言及しつつ、なぜその店は駅ナカにあるのか、駅酒場は街なかの酒場と何が違うのかといったハード面にもスポットを当てながら綴っていきたい。本書は、〝酒場本〟ではない。〝駅酒場本〟なのだ。

街なかの酒場との違いを浮き彫りにするために、まずは駅酒場の定義を確認しておこう。本書内では、駅酒場を「駅ビルや駅に付属する地下街を含めた広義の駅ナカで営業する、酒類の提供を伴う飲食店」とする。改札の内外は問わず、駅ビルや駅直結の地下街まで含める。ただし、駅ビルの高層階や、地下街の中でも駅から離れた区画にある店は、駅酒場の特性が現れにくい。そのため、対象外とはしないが、本書内にはほとんど登場しない。また、酒類の提供は、1種類でもあれば駅酒場に含められることとする。したがって、缶ビールのみを提供する店であっても、駅ナカにあれば駅酒場だ。ただし、イートイン席のない物販店は対象に含めない。狭かろうが立ち飲みだろうが、その場で飲めるスペースを確保されているかどうかで判断する。

企画段階では、駅酒場の特性はサッと飲んでパッと出られることと考え、「チャージ（席料）が発生する店や有料のお通しが出される店は対象外」とするつもりだった。しかし、全国取材を進めていくなかで、お通しが重要な意味を持つケースもあるということが分かってきたので、この点は不問とすることにした。

したがって、全国チェーンの大衆居酒屋がたまたま駅舎内で営業していれば、それも駅酒場である。また、ホームの駅そばも缶ビールを提供していれば、駅酒場だ。ドレスコードのある高級フランス料理店でも、駅ナカにあってワインなどを提供していれば駅酒場である。ただし、これらのケースは駅酒場の特性をあぶり出すうえであまり重要とは思えないので、本書内で詳しく紹介することはない。駅ナカならではの特徴がある店舗を厳選して紹介することで、駅酒場の何たるかを掘り下げていく所存である。

酒好きの方も鉄道好きの方も楽しんでいただけるよう、酒も料理も、店の立地やスタイルも、なるべく幅広いジャンルの話題を取り上げるように意識した。本書が、皆さんの旅の参考に、あるいは日常生活を彩るスパイスになれば幸いである。そして、各地の地酒やクラフトビール、つまみの料理などを巡る旅の記録から、皆さんが旅に出たい衝動に駆られることにつながれば、筆者としてこの上ない喜びである。

なお、本文中に記載のある価格等の情報は、すべて取材時点でのものである。食料品の価格高騰に歯止めがかからない時世であり、その後改定される場合もあるということをあらかじめご了承いただきたい。

第一章

北海道・東北の駅酒場

摩周そばと道東の横綱　～根室駅～

5月。東京はすでに夏空の下にあり、私は汗を吸って脚に貼りつくズボンに連日不快感を募らせていた。しかし、北の大地はまだ早春の趣だった。近頃は、北海道でも札幌あたりの夏は暑い。しかし、北海道の背骨である日高山脈を越えて道東エリアに入ると、季節が1か月以上逆戻りしたかのように空気が冷たくなるのだ。単行列車で根室本線（花咲線）終着の根室駅に降り立つと、オホーツク海から忍び寄ってくるのであろう冷気に包まれた。ホームに掲げられた電光掲示の温度計は、まだ陽が高い時間だというのに8度を示していた。

釧路や根室の緯度は、札幌とほとんど変わらない。にもかかわらず、北海道の中でも特に寒い印象を受ける。冬ももちろん寒いが、それ以上に夏が寒い。一年を通じて寒いのだ。20年以上前、早朝に根室市の東端にして日本本土の最東端でもある納沙布岬を訪れたときには、7月だというのに土産物店の店内ではストーブが焚かれていた。無料で振る舞っていた花咲ガニの味噌汁を、両手で包み込むようにして飲んだ。殻ごと煮出したカニの出汁が濃厚で、美味しかったな。濃霧のため眺望はほとんど利かなかったにもかかわらず、強烈な記憶を残してくれた。

青く塗られた壁も、開放感を高めている

宗谷本線の稚内駅が改築されて道の駅併設となり、留萌本線の末端部が廃止されてしまった現在、根室駅は北海道でもっとも最果ての情感に富む駅かもしれない。駅舎は平屋建てで、横に長い造り。待合室が広く、かつては多くの旅客が当駅から列車に乗り込んだのだろうと想像できる。

駅舎では、「北然仁《ぼくねんじん》」というそば店が営業している。前回当駅を訪問したときには、同じ場所に「あかつき」という名のそば店が入っていた。昼間でもなんとなく薄暗い雰囲気で、冬場の宵闇の中で鍋焼きうどんを啜るのが似合うイメージだった。この店なら当然酒も飲めるだろうと考えて今回訪問したのだが、当てが外れてしまっただろうか。出入口脇には「根室駅そば 幻の摩周そば」と大きく表示されており、「あかつき」時代よりもだいぶ明るく、開かれたイメージになったように感じる。そば店の店主は酒好きであることが多いというが、果たして「北然仁」では一杯飲めるだろうか。少々の不安を抱えながら、引き戸をカラカラと開けたのだった。

店内は落ち着いた和風の造りで、客席はテーブルが中心。靴を脱いで食べられる小上がり席もある。「駅そば」と称してはいるけれど、立ち食いスタイルの簡易的なそば店ではない。時間に追われず、じっくり味わって食べるタイプの店だ。

メニューは多彩だ。もりそばや天ぷらそばといった定番のものから、かに玉とじそばやかにちらしそばといった観光客が泣いて喜びそうなものまで揃う。納沙布岬で味わった花咲ガニの味噌汁が頭をよぎり、カニを使ったメニューに食指が動きそうになる。

しかし、今回のメインテーマは、酒。カニのそばは次回訪問まで我慢して、今回は日本酒との相性がよいもりそばを注文だ。次いで、酒だ。しかし、メニュー表を隅々まで見ても、酒類の記載がない。ちょうど、温厚そうな表情が印象的な店主の福井富士雄さんが注文を取りに来たので、尋ねてみる。

「お酒は、夜メニューにあります。昼間でも、飲みたいとおっしゃる方にはお出ししています。何にしますか？」

この店は、昼は食事メイン、夕方以降は酒メインの二部制になっていたのだった。夜メニューは、卓上のメニュー表ではなく、フロアの片隅に立てかけてある黒板に記載されていた。日本酒は、3種記載がある。どれも私は飲んだことがないものなので、勝手がわからない。すると福井さんが、

「北海道では、なんといっても國稀と北の勝です。國稀は道北の横綱、北の勝が道東の横綱」

と教えてくれた。そして、身に着けていた前掛けを広げて見せる。そこには、北の勝のロゴマークが大きく染め抜かれていた。そば屋なのに、前掛けは日本酒。やっぱり、そば屋の店主は日本酒が大好きなのだな。

それなら、北の勝を飲んでみることにしよう。私は熱燗があまり得意ではないので、常温でいただくことに

した。

北の勝はここ根室で130年以上の歴史がある地酒だ（銘柄を「北の勝」としたのは1942年）。製品の大半が道東地域で消費されていることからも、地元に密着した酒蔵であることが分かる。グラスになみなみと注がれて、受け皿にのせて、もりそばと一緒に運ばれてきた。

箸をつける前に写真を撮っていたら、福井さんが心配そうな表情で
「早く食べないと、渇いちゃう」

と言い、室内の暖房を切ってくれた。「幻の摩周そば」を謳うだけにそばへのこだわりが強く、いかにして美味しく食べてもらうかを最優先に考えているのだろう。撮影はそこそこに切り上げ、そばをひとすすり。すると、キュンと艶のあるそばの香りが口いっぱいに広がった。写真を撮っているときからすでに香りが立ちのぼっていたので、口に入れる前から美味しいことは分かっていた。だから、期待どおりに美味しかった。

羅臼昆布と枕崎の鰹節の出汁を使ったつゆに、そばを下半分だけ浸して手繰り、存分に香りを楽しんでから北の勝をひと口。極端な辛口ではなく、香りや甘みが強いわけでもなく、サラリとした口あたりで後味はすっきり。とても飲みやすい日本酒で、そばの香りを殺さないのもありがたい。常温でこれだけ飲みやすいのだから、冷やしすぎたり燗をしたりすると少し物足りなく感じるかもしれない。好みにもよるかもしれないが、常温がベストなのではないかと感じた。

「そばは、摩周（弟子屈町《てしかがちょう》）の畑で自家栽培しています。摩周は火山灰質の土壌だから、そばの栽培に最適なんです。肥沃な土壌だと茎ばっかり育って実入りが悪くなる。そばはデリケートだから、土が変わると全然違う香りになります。外輪山の外と中とでも、全然違うんですよ。そして、そばの実が黒くなって完全に熟す前に、早刈りします。黒くなった実は、小鳥たちが食べないんですよ。小鳥が食べないということは、

細打ちのそばは、十勝産の中力粉でつないだ二八そばだ

何かしら良からぬものがあるのだろうと考えています」
と、福井さんは熱く語る。福井さんは、決して裕福とは言えない家庭に生まれ育ち、10歳のときから近所のそば店で奉公働きをしていたという。そこで、そばのイロハを学んだ。その後、根室市内で家業の製麺店に従事していたが、2011年に一念発起して東京・神田にそば店を開業。不動産契約上の都合で閉店するまでの3年間、食通たちを唸らせると同時に、人脈形成に努めた。枕崎産の稀少な本枯節が安定して手に入るようになったのも、この時代に培った人脈があってこそだという。

その一方で、都内近郊のそば店を巡り、幼少時代に学んだそばの基本が失われつつあることを実感する。2014年に根室駅の「あかつき」が閉店するにあたり、店主から「後に入らないか」との話が持ちかけられる。福井さんの製麺店が、「あかつき」に麺を卸していたためだ。そして福井さんは、根室に戻って「そばを基本に戻す！」と誓う。店名は、頑固者を意味する「朴念仁」を北海道風にアレンジして「北然仁」とした。朴念仁は、神田時代の福井さんのニックネームでもあったそうだ。

無添加のベーコンは、このまま食べるのがいちばん美味しいだろう

福井さんの「基本に戻したい」という考えは、そばだけにとどまらない。そばを食べ終え、残った北の勝をちびちびと味わっていると、福井さんが
「今、仲間と一緒に阿寒ポークの加工製品を作っているんだけど、よかったら食べてみるかい？」
と、ベーコンをサッと焼いて出してくれた。添加物を使用せずに作っているとのことで、食べてみると目玉が飛び出るほど美味しかった。旨みを凝縮させるというのは、こういうことなのだろう。一般的に市販されているベーコンとは比べものにならないほど、旨みも燻香も濃厚なのだ。ギュッと締まった肉質でなかなか噛み切れず、噛めば噛むほどに旨みが染み出てくる。2枚焼いてくれたけど、1枚あれば2杯は飲めるだろう。

福井さん、はそばの話をするときには熱が入り、表情も真剣そのもの

近いうちに市内の「農産物加工体験館くったら」で販売するそうなので、次回根室へ来るときには寄ってみようか。ただ、残念なことに鉄道アクセスがよくない。かつては近くにJR根室本線の初田牛駅があったのだが、2019年に廃止されてしまった。

「周辺には熊が出るところもあるから、車かタクシーで来た方がいいよ」と、福井さんは最後まで、朴念仁のイメージとはかけ離れた屈託のない笑みを浮かべ続けるのだった。

泡まで美味しい大雪ピルスナー ～旭川駅～

2011年に新駅舎がグランドオープンした旭川駅。地方では、駅舎が改築されると同時に駅ナカの飲食店は姿を消すことが多いのだが、旭川駅は違った。駅弁販売店や駅そば店は新駅舎にも残り、新たに軽食処と物産館を併設した観光案内所「旭川観光物産情報センター」もオープンした。コンコースが広くなったぶんだけ人影はまばらになり、どこか寂しげな雰囲気にはなってしまったけれど、当駅を訪れる楽しみは、失われるどころかむしろ増した。

観光物産情報センターに併設されている軽食店は、「駅ナカ食堂 なの花」。もともとは駅近くの百貨店の地下で営業していたのだが、2016年に駅ナカへ移転。製麺所が直営する飲食店で、メニューは麺類が中心。私はこれまでに数回立ち寄り、江丹別そばや旭川ラーメンなどを味わってきた。その際、券売機の片隅に酒類やつまみになる一品料理などがあることを目視確認しており、駅酒場として機能する店だということを知っていた。だから今回は、一杯飲み屋として立ち寄らせていただこう。

券売機にお金を投入し、下段に配置された大雪地ビールのボタンを押す。続いて、その隣にある枝豆のボタンを押そうとして、ふと手が止まった。券売機の一段上にある、「やきそば」と「学生やきそば」のボタンが気になったのだ。

旭川駅は、高校生の利用がとても多い駅である。朝夕には、コンコースのいたるところに配置されたベンチに、制服姿の高校生の姿が目立つ。

「ほう、学生さん向けのサービスメニューもあるのか」

そう思っていたのだが、券売機の脇に掲示された手書きのメニュー表には

「学生やきそば　なの花名物　ハラペコさんに大人気！　2倍です！　学生さんじゃなくてもご注文できます！」

と書かれていた。もうじき知天命の50歳を迎えようとしている私でも、学生やきそばを注文できるということか。枝豆よりもこちらの方が、製麺所直営店らしさを感じる。衝動的に、学生やきそばのボタンを押していた。ついでに、70円でトッピングできる目玉焼きも購入。

飲食店でビールと焼きそばを注文すると、ビールが先に提供されて、飲み終わる頃になってようやく焼きそばが登場ということがよくある。しかしこの店では、食券を出すときにビールの提供タイミングを聞いてきてくれた。客の中には、焼きそばとビールを一緒に提供してほしい人と、とりあえずビールを先に流し込みたい人がいるはずだ。些細なことではあるけれど、ありがたい心配りだ。私は、写真を撮りたいこともあって、同時提供を希望した。

麺量2倍だけに、学生やきそばは皿の上に蟻塚よろしく小山が築かれた状態で提供された。そっと持ち運ばないと、トッピングの目玉焼きが滑り落ちてしまいそうで怖い。大雪地ビールも、背の高いピルスナーグラスで提供されるものだから、こちらもそっと持ち運ばないと倒れそうで怖い。受渡口からやや遠い席に陣取ったことを、少々後悔した。

物産店や案内所との間に間仕切りがなく、ビアガーデンのように開放的な店舗

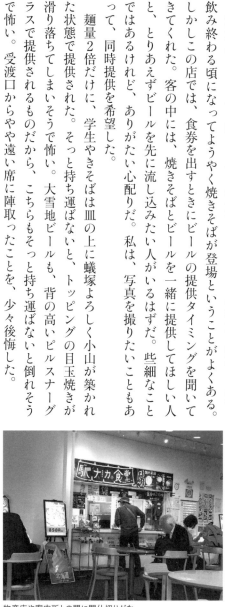

焼きそばは、とてもシンプルだ。麺は、あまりモチモチせず、質感があってしっかり噛みしめて食べるタイプ。具材は、モヤシとキャベツ。仕上げに刻み海苔をかけてあるのだが、その上に目玉焼きがのっているため食べてみてのサプライズとなった。量はかなりあるが、味付けはあっさりしていてするすると食べられるので、途中で飽きが来るようなことはなかった。これがワンコイン（490円）で食べられるのだから、サービス精神旺盛だ。

そして、大雪地ビール。ピルスナーグラスでの提供なのだから、銘柄はやっぱり「大雪ピルスナー」だ。特徴は軽やかな飲み口と、爽やかな抜け感。じっくり味わいながらちびちび飲むというよりは、グビグビと呷りたくなる一杯だった。ピルスナーグラスに注ぐことできめ細かくクリーミーな泡が立ち、口当たりが上品になるとともに、見た目もたいへん美しくなる。

焼きそばは、百貨店の地下で営業していた頃からの名物メニューだという

クラフトビールは中小事業者が製造することが多く、地元産の原料を使って醸造することは技術面や設備面に鑑みてなかなか難しい。しかし、大雪地ビールは独自の技術で自社製麦に成功し、原料の一部には旭川産の大麦麦芽を使う。また周辺地域産の小麦も積極的に取り入れ、上川地域の魅力を集結したクラフトビールに仕上げている。名実ともに、ご当地ビールだ。醸造所ごとに個性が発揮されるクラフトビールを飲み歩くのは楽しいものだが、そこに地元産の原料が使われているとなれば、いっそう愛着が湧く。どこかでまたこのような地元愛を感じられるご当地ビールに出合えたらいいな。

予期せず出合えた道北の横綱　～札幌駅～

札幌市の代表駅にして北海道の代表駅でもある、札幌駅。毎日10万人以上が利用し、駅構内は朝から晩まで多くの旅客で賑わう。コンパクトな駅弁売店やホームの島式駅そばなどが現在も営業しており、昭和の面影を色濃く残す駅でもある。

しかしながら、駅飲み環境が整っているかというと、実はそうでもない。酒類を提供する飲食店が多く集まるのは地下鉄さっぽろ駅近くの地下街か、駅ビルの上階。ＪＲの改札内外に限って見れば、意外なほど飲める店がない。２０１５年には北口近くに立ち食いそばと立ち飲みバルを合わせた簡易的飲食店「そばる」がオープンし、やっと札幌駅で気軽に飲めるようになったと思っていた。しかし、北海道新幹線の札幌延伸に向けた駅構内改修工事のため、２０２０年に閉店。札幌駅で気軽に立ち飲みを楽しめたのは、わずか5年間だった。

そんな中、飲酒需要を一手に引き受けて孤軍奮闘しているのが、改札内コンコースにある「北海道そば蕎麦紀行」だ。ホームにある立ち食いの駅そばよりもグレードが高い店で、幌加内産のそば粉を使って店内で製麺し、生そばを注文の都度茹でる。しかし、そば粉比率が高い（二八そば）ため茹で時間は短く、提供は迅速。客の回転も速く、駅ナカならではの簡便性を併せ持つ。駅そばと街そばの長所を抜粋したような店舗だ。

改札内で昼から飲める貴重な店だ

もちろん、酒類も提供する。ありがたいことに、17時以降にはもりそばと小鉢、そして酒がセットになった「晩酌セット」の設定もある。しかも、掲示をよくよく見ると、セットになっているワンカップの日本酒は「國稀」ではないか。根室駅「北然仁」で店主の藤井さんが「道北の横綱」と評していた、日本最北の酒蔵の酒だ。幸運にも、訪問は20時過ぎ。根室駅と同じパターンにはなるが、もりそばで日本酒をいただくことにしよう。小鉢は、3種類から選択。私は以前にもこの店を利用したことがあり、ワサビは一般的な本ワサビではなく、北海道で古くから親しまれている山ワサビを使っていることを知っていた。これを味わいたく、笹かま（山ワサビ添え）を選択した。単品価格の合計だと、もりそばと国稀だけでも晩酌セットを上回る。かなりお得なセットだ。なお、晩酌セットは17時以降限定だが、国稀を含め酒類は単独注文も可能で、営業時間中はいつでも飲むことができる。

この店で提供する料理の特徴は、店名に偽りなく北海道産の食材を多く使用していることだ。そば粉は幌加内産、山ワサビは網走産。出汁の昆布は日高産だ。前回訪問時にいただいたおぼろ昆布そばには、函館産の真昆布を使用したおぼろ昆布がトッピングされる。札幌近郊だけでなく、北海道全域の特産物が使われているのだ。しかも、そば粉は全国的に主流であるキタワセ種ではなく、幌加内町で独自に品種改良したほろみのり種。おぼろ昆布は、職人が手作業で削り出したものを仕入れているという。短時間でパパッと食べられる店とは思えないほど、こだわりが詰まっているのだ。店内で茹であげる二八そばは香りと食感のバランスがよい。根室で食べた摩周そばほど香りは強くないのだが、好みが分かれにくく誰でも満足できる味わいに仕上がっている。

笹かまには少し醤油を垂らし、山ワサビを少しのせていただく。ワサビというと緑色のイメージが強いが、山ワサビは白っぽい。繊維が多くて粘性が弱く、見た目はおろし生姜に近い。口に入れてみると、すぐに鮮烈な辛みが口腔から鼻腔へ抜けた。これはなかなか強烈だ。辛みは本ワサビの1・5倍と言われるだけのことはある。つけ過ぎには少々注意が必要だ。

口の中に残る辛みを、國稀で喉の奥へ流す。國稀は、日本海沿岸に位置する増毛町の地酒だ。酒蔵は、1882年創業の老舗である。日本酒造りには、良質な水が欠かせない。伏見も灘も、良質な軟水があってこそ栄えた酒造の街だ。その点、増毛町は標高1492mの暑寒別岳山麓に位置し、良質な天然水が手に入る。この天然水にこだわって作られたのが、國稀なのだ。銘柄の名は、日露戦争で活躍した軍人の乃木希典に由来している。日露戦争では多くの増毛町民も出征し、多くの犠牲者が出た。戦後、創業者が戦没者を弔うべく乃木と面会し、その際に一字をもらい、銘柄を従来の「國の誉」から「國稀」に改めたというエピソードがある。「希」の字をそのまま使うのではなく「稀」としたところに奥ゆかしさを感じる。

こういった歴史を知ると、ワンカップの酒にも並々ならぬ愛着が湧いてくるものだ。ツンとくる辛みはあまりなく、どちらかというと甘口の酒。山ワサビの辛みをリセットするのにちょうどよいではないか。少々刺激のある料理と合わせて飲みたくなる〝北限の日本酒〟だった。

私はそばだけでなく酒もいただき、どちらかというと長居した方だ。時間帯によるかもしれないが、この店はひとり客の利用が多く、回転がとても速い。私がちびちびと國稀を楽しんでいる間に、隣の席は2回転した。速食需要にしっかり応えるあたりは、実に駅ナカらしい部分だ。

そば湯も付いて、900円。たいへんお得な「ちょい飲みセット」

サッポロビールを飲みたくて ~小樽駅~

根室、旭川、札幌と、麺類をメインとする飲食店が続いたので、北海道の最後には少し方向性が異なる店を紹介したい。魅惑の駅酒場を求めてやって来たのは、北海道新幹線の延伸開業を待ちわびる小樽市の代表駅・小樽駅だ。

北海道新幹線延伸開業は大きなニュースだが、小樽市民にとっては喜んでばかりはいられないかもしれない。なぜなら、北海道新幹線は現在の小樽駅に接続するのではなく、内陸側に離れた場所に新駅を設置する形になるからだ。新幹線開業後も小樽市民の日常的な移動には在来線の方が便利であり、新幹線の利用者はあまり多くならないと考えられる。新幹線の利用者は、遠方からやって来る観光客が中心になるだろう。観光客が新幹線駅から直接小樽運河などの観光エリアへ足を運ぶようになれば、小樽駅周辺の賑わいに影が射す可能性もある。

有名寿司店での立ち飲みは、ある意味この上なく贅沢だ

その点、２０１２年の小樽駅リニューアルにより、それまで駅構内のあちこちに分散していた飲食店や物販店が店舗エリアへ集約されたことは、賑わい創出にひと役買っているだろう。地元住民にとって使い勝手のよいファストフード店やカフェ、そして観光客にとって便利な土産物店などがあり、ここへ足を運べばたいていの欲求は満たされる。

その中に、ミシュランガイドにも掲載されたことがある有名寿司店の支店「伊勢鮨　駅中店」がある。本店は予約必須で、予約自体もなかなか取れない。予約のための電話すらつながらないことも珍しくないそうだ。その名店の味を、予約なしで、駅ナカで気軽に楽しめる。しかも、短時間でサッと食べるのに好適な立ち食いスタイル（巻頭カラー写真参照）。もちろん、酒類や酒の肴になる小皿料理の提供もある。これは放っておけない。

各席にはタブレット端末が設置されており、これを操作して注文する仕組み。回転寿司と同じシステムになっている。新型コロナの蔓延以降、駅ナカの飲食店では全国的にこのシステムの導入が進んでいる。店員と客とが対面でやり取りする機会を減らし、ウイルスの拡散を防ごうという狙いだろう。

まずは、ビールで喉を潤そう。ニシンおたる漬けとともに注文だ。ビールは、もちろんサッポロ黒ラベルを選ぶ。サッポロビールは、ルーツをたどれば１８７６年に政府の開拓使によって札幌に設立された醸造所である。ラベルにプリントされている星印は、北海道開拓使の徽章でもある。大手メーカーであるだけに東日本を中心に広く普及しているものの、現在も北海道での販売シェアがとりわけ高い。恵庭市にある北海道工場はサッポロビール庭園として開放されており、観光名所としても名高い。だから私は、北海道の飲食店でビールを飲む際には、選択の余地があるのなら必ずと言っていいほどサッポロビールを選んでいる。キレや喉ごしより豊潤な味わいが特徴であり、味覚的にも私の好みに合っている。大好きな野球観戦の際にも、サッポロビールの売り子が接近してくるまでじっと我慢する。

ニシンおたる漬けは、小樽駅構内の土産物店でも購入できる一品で、生のニシンを昆布などと一緒に調味液に漬けこんだもの。酒との相性は抜群で、味が濃いのでその気になれば小皿ひとつでビールを3杯でも4杯でも飲めそうだ。

喉が落ち着いたところで、寿司を握ってもらうことにしよう。すぐ目の前に職人がいるのに、タブレット端末で注文。いささか抵抗を覚えないでもないが、コロナ禍で飲食店の苦戦が続く現況においては、やむを得ないか。白身・サーモン・ホッキ貝の3種盛りを注文だ。端末経由で職人が注文を確認すると、ネタケースから新鮮なネタを取り出し、シャリと合わせてリズミカルに手際よく握っていく。見世物ではないのかもしれないが、それはバーテンダーのシェイクに似たパフォーマンスのようにも見え、心がワクワクと高ぶる。

カウンターには、醤油や小皿の用意がない。伊勢鮨の握り寿司はネタに醤油を塗って提供されるので、客はそのまま口に運ぶだけでいい。口に入れると、最初にネタの香りがあって、その直後にパァーッとシャリがほぐれて口の中いっぱいに広がった。手や箸で掴んでも崩れないのに、口の中に入れるとすぐにほぐれる。この絶妙な握り加減は、一朝一夕で修得できるものではないだろう。長年鍛錬を積んだ本物の職人の技だ。ネタが美味しかったのはもちろんなのだが、それ以上にシャリが美味しかった。

注文はタブレット経由だが、提供時には職人がネタの説明をしてくれ、こちらからの問いかけにも快く応じてくれる。カウンターを挟んで客と対峙する寿司職人は、黙々とひたすら寿司を握ればよいというものではない。接客も重要なのだ。3貫の寿司を食べきるまでの短い間ではあったけれど、職人といろいろな話をすることができたのは嬉しかった。職人は、駅中店専門に雇われているのではなく、普段は本店で腕を振るい、

生のホッキ貝は、北海道ならではのネタ。新鮮で、特に美味しかった

交替制で駅中店へ出向いているのだという。つまり、名実ともに本店と同じ味だ。郷土料理でビールを飲んで、握り寿司に感激して、職人との会話まで楽しめて、会計は2000円弱。ちょっと申し訳ない気持ちになってしまうくらいに、楽しいひとときを過ごさせていただいた。

列車に乗る人も、駅に泊まる人も ～八戸駅～

新幹線の整備が進むと並行在来線は廃止・転換されてしまうのが、近年の鉄道情勢の常。北海道では、新幹線の札幌延伸に合わせて函館本線の長万部・小樽間が廃止となる予定である。東北新幹線も、2002年の八戸延伸に合わせて盛岡・八戸間がJRから切り離され、盛岡・目時間の岩手県部分はIGRいわて銀河鉄道に、目時・八戸間の青森県部分は青い森鉄道に移管された。2010年には東北新幹線が新青森まで延伸し、東北本線の八戸・青森間も青い森鉄道へ。これにより、野辺地と大湊を結ぶ大湊線、八戸と久慈を結ぶ八戸線は、他のJR路線との接続がない〝飛び地路線〟になってしまった。

青い森鉄道には、八戸・青森間（または野辺地・青森間）を通過利用する場合に限り青春18きっぷで乗車可能という特例がある。しかし、IGRいわて銀河鉄道や青い森鉄道の目時・八戸間にはこの特例が適用されない。このため、青春18きっぷ愛好家にとって八戸はやや行きにくい街になってしまった。だから私は、八戸方面へ行く際には青春18きっぷではなく北海道&東日本パスを使うことが多い。北海道&東日本パスなら、IGRいわて銀河鉄道も青い森鉄道も乗り放題で、途中下車も思いのまま。利用日が連続であることが少々のネックにはなるが、毎日動き続ける〝乗り鉄〟にとってはこちらの方が便利だろう。

さて、八戸駅は、八戸市の中心部からだいぶ西に外れている。中心市街地は、八戸線の本八戸駅から陸奥湊駅にかけてのエリアになる。そのため、八戸駅周辺は比較的閑散としており、飲食店も決して多いとは言えない。

このような駅では、駅ナカ飲食店が重宝する。八戸駅には、改札外に「駅中横丁」が整備されている。横丁文化が深く根付く八戸市ならではのネーミングだ。実際には駅中横丁にある飲食店は2店舗だけで、〝横丁〟というワードから連想されるほど店が密集しているわけではないのだが、ついふらふらと立ち寄りたくなるのは間違いない。飲食店は、定食中心の「ホウリンはちのへキッチン」と、郷土料理の「いかめしや烹鱗」。駅酒場という見地から考えれば、足が向くのは後者だ。

注文は、第1章で紹介した小樽駅「伊勢鮨駅中店」と同じく、各席に設置されている端末を操作して行う。選べる酒類と刺身、イカゲソがセットになった「おつまみセット」をいただこう。

入店時には空いていたが、料理の出来あがりを待っている間に続々と客が入ってきて、食べ始める頃にはほぼすべてのテーブルが埋まった。時刻は、19時過ぎ。ちょうど夕食需要が集中する時間帯なのだろう。ざっと見回すと、半分くらいがひとり客。基本的に相席はさせないスタンスのようで、テーブルはほとんど埋まっているのに椅子は空きがちらほら。カウンタータイプの客席があってもよさそうに思うところだ。私のように大きなリュックを背負った旅人にとっては、リュックの置き場を確保できるからテーブルの方がありがたい。しかし、店内に居合わせた客のうち、大荷物を抱えているのは私だけ。大半が、手ぶらだ。これは駅ナカの飲食店にしては異様な光景だ。

この「駅中横丁」は、改札からひと続きになった場所だけれど、厳密には駅に併設されたJR東日本ホテルメッツ八戸内にある。中心市街地から離れた駅では、宿泊需要に対して供給が不足しがちである。これを解消するのが、駅併設のホテルというわけだ。ホテルがあれば、当然宿泊者の飲食需要も満たす必要がある。宿泊者は部屋に荷物を置いたまま食事にやって来るので、手ぶらなのだ。ちなみに、朝はバイキング形式の朝食を提供している。

自動ドアの先にある駅中横丁。狭い通路も、横丁のムードを高める

軽めのセットメニューは、食事を終えてからのちょい飲みに好適

後に全国取材を進めるなかで、八戸のように駅にホテルが併設され、宿泊者にとって利便性の高い飲食店が入り、同時に駅利用者にも広く開かれているケースがたくさんあることに気づく。八戸の駅中横丁との出合いは、駅酒場を分析するにあたって重要な意味を持つケーススタディになった。

おつまみセットの飲み物は、ソフトドリンクを含めて5種類から選べる。旅先ではどうしてもご当地性のあるものに惹かれるので、日本酒を選択した。郷土料理店で提供する日本酒は、たいてい地酒だからだ。期待どおりに、地元八戸の地酒である陸奥男山が登場した。

男山は、江戸時代に隆盛を極めた伊丹（兵庫県）の日本酒銘柄。明治に入って灘酒ブームに押されて廃業すると、各地にその名にあやかった男山が登場する。正式な後継銘柄は、伊丹男山の末裔から印鑑を引き継いだ北海男山（北海道旭川市）とされている。しかし、伊丹男山の廃業後、最も早く商標を登録したのは、今私が口にしている陸奥男山である。

原料には青森県産米を使い、味わいは爽やかで軽やか。強い癖はないので、刺身にもイカゲソにもよく合う。肉よりも魚との相性がよいのではないかと感じた。このまま駅併設のホテルで横になれたら、楽でいいのにな。手ぶらで来店した人々を恨めしく思いながら、私は再び大きなリュックを背負うのだった。

じゃじゃ麺の肉味噌は至高の肴 ～盛岡駅～

盛岡駅も、中心市街地の不来方《こずかた》から少し離れた場所にある。東京に住んでいると、つい「駅は街の中心にあるもの」と考えがちだが、これは大きな誤りである。都内の各駅は、鉄道が通って駅ができた後で、駅を中心に街が発展したケースが多いのだ。鉄道や駅を設けるためには広大な土地が必要であり、市街地の中に新設するのは困難だ。それに加えて、利権や公害等の問題も絡んでくる。市街地を通すと距離的なロスや急カーブの必要性などが生じる場合もあるだろう。これらの理由により、古くから栄えてきた街では郊外に鉄道を通し、駅も郊外に設置されたのだ。

盛岡駅の場合は、八戸に比べれば中心市街地からの距離が近い。駅から不来方までの距離は1㎞ほどであり、徒歩での往来も可能な範囲だ。そのため、鉄道開通後に市街地が拡大し、不来方から盛岡駅周辺までがひと続きの市街地を形成している。盛岡駅前は、八戸駅前より格段に賑やかで、飲食店や宿泊施設などもたくさんある。駅ナカを見ても、盛岡駅には立派な駅ビルが併設されており、この中には酒を伴う飲食店が多数ある。地酒や郷土料理を提供する店も、少なからずある。

それなのに、今ひとつ私の食指が動かない。本書では、駅酒場を「駅ビルや駅に付属する地下街を含めた広義の駅ナカで営業する、酒類の提供を伴う飲食店」と定義している。だから、たとえば全国チェーンの居酒屋が、街なかの店舗と同じスタイルで営業していても、場所が駅ナカであれば駅酒場である。

しかし、それをことさら本書で取り上げることに、どれほどの意味があるだろうか？　本書では、なるべく「駅酒場ならではの魅力」を浮き彫りにしながら、特徴ある店舗を取り上げて綴っていきたい。郷土料理や地酒を楽しむだけなら、駅ナカである必要はどこにもない。なぜ駅酒場なのか。そこが重要になってくる。そう考えた場合に、盛岡駅ビル内の店舗については二の足を踏んでしまうのだ。

そこで私は、東口からロータリーと大通りを潜って不来方方面へ続く地下道まで足を伸ばしてみた。この地下道の入口付近に、「めんこい横丁」と名付けられた飲食店街が形成されている。駅ビルは次々にリニューアル

少し年季を感じるめんこい横丁。じゃじゃ麺を扱う飲食店が多い

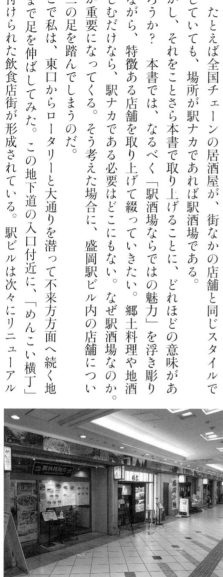

されてどこも綺麗だが、めんこい横丁には長年リニューアルの手が入っていないようで、レトロなムードを今に残している。

盛岡駅東口のロータリー出入口交差点は、ある程度規模の大きな駅にしては珍しく、信号も横断歩道もない。だから、駅と不来方を往来する歩行者の多くは、地下道を通る。したがって、街なかに分散されていた歩行者は、一度この地下道に集約されて駅へ向かうのだ。「めんこい横丁」は、まさに歩行者動線の大動脈にあると言っていい。だからそこに飲食の需要が生まれ、横丁ができ、いくつかの飲食店では酒類も提供する。

盛岡駅は、中心市街地の不来方からやや離れているとはいえ、徒歩での往来が可能な範囲内。もし、八戸のように駅と中心市街地が徒歩接続が不可能なほど離れていたら、この場所に飲食街が整備されることはなかっただろう。これこそ、駅酒場が駅酒場たるゆえんではないだろうか。

各店の店頭のメニュー掲示をひとしきり眺めて、まだ昼過ぎだというのに「ちょい飲みセット」や「晩酌セット」の立て看板を出していたじゃじゃ麺店「小吃店」に入ってみることにした。店内は手狭で、置き物や貼り紙類が多く、少々雑然とした雰囲気。私にとっては、シックで瀟洒な内装の店よりこちらの方が落ち着ける。子どもの頃、駄菓子屋の奥の小上がりでお好み焼きもどきを焼いて食べた記憶が蘇る。

じゃじゃ麺店なのだから、酒を飲むだけでなくじゃじゃ麺も食べたい。注文したのは、じゃじゃ麺と日本酒がセットになったちょい飲みセット。最初に日本酒が提供されたので、ビールにしなくてよかったなと思いながらちびちびと始める。日本酒は、盛岡の地酒「あさ開」だ。

盛岡といえば、日本三大杜氏のひとつに数えられる南部杜氏のお膝元。杜氏は、酒造りにおいて多くの職人たちを率いる役割で、大工に例えれば棟梁のような存在だ。南部杜氏の酒造りの技術には定評があり、わざわざ岩手県から南部杜氏を招いて酒造りを行う酒蔵が全国にある。先に紹介した北海道の「國稀」も、そのひとつ。当然、あさ開も南部杜氏の指導で作られた酒だ。

南部鉄器と山のイラストを組み合わせて「岩」の字をデザインしたミニボトルは、あさ開の本醸造岩手ブルー。爽快な辛口タイプとのことだが、実際に飲んでみた印象としては極端な辛口ではなく、口当たりも喉ごしもやさしい部類だ。とても飲みやすいので、ついついペースが上がって、ふと気づいたときにはすっかり出来あがってしまいそうだ。

そうこうしている間に、じゃじゃ麺が出来あがった。足元に置いた大きなリュックを見て旅行者だと分かったのか、おばちゃんが食べ方を丁寧に説明してくれた。特製の肉味噌を加えながらよく混ぜて食べ、麺をひと口ぶんだけ残したところでおばちゃんに声をかける。すると、そこに麺の茹で汁を注ぎ入れ、生卵をひとつ落として再登場。玉子を割ってかき玉状にすれば、チータンタンの完成だ。もりそばのつゆをそば湯で割って飲む感覚に近いだろうか。チータンタンはやや味が薄めなので、肉味噌を改めて少し加えるのも手。一皿で二度美味しく、味が均一になりがちな混ぜ麺料理に起承転結のストーリーが生まれる。実に理に適った食べ方だなと感じた。そして、酒との相性も良い。いや、相性が良いのはじゃじゃ麺ではなく、上にのせる肉味噌だ。ニンニクやネギの香りを利かせて奥行きを演出した肉味噌は、それだけで充分酒の肴になる。この肉味噌だけで、2時間は酒を飲めるに違いない。じゃじゃ麺店に限らず、ちょい飲み志向の店では酒と肉味噌だけのセットメニューがあってもいいのではないか、と感じた。

じゃじゃ麺の肉味噌は大きな容器ごと提供され、好きなだけ入れられる

飲み比べも楽しい駅ナカ角打ち ～仙台駅～

列車が発車する際にホームに響き渡るのは、ＨＯＵＮＤ ＤＯＧの『ff（フォルティシモ）』。イントロを１秒聞いただけでそれと分かる、１９８０年代を象徴するロックバンドの代表曲だ。ボーカルの大友康平さ

んが宮城県塩竈市出身で東北学院大学卒業であることにちなんでの選曲だ。今では、普段から『ff（フォルティシモ）』を耳にすると頭の中を仙台駅の光景がよぎるほどに、私の中ではイメージがすっかり定着している。ここまで至れば、駅の発車・入線メロディも旅情のうちだなと感じる。

印象的な発車・入線メロディが流れる駅は、全国各地に点在する。その中から私が勝手に三大発車・到着メロディを選んでよいのなら、『瀬戸の花嫁』のJR予讃線各駅（岡山駅などにも流れるが、個人的には高松駅の印象が強い）、春季に『百万本のバラ』が流れる福山駅、そしてここ仙台駅で決まりだ。

さて、札幌駅には思いのほか駅酒場が少なかったのだが、東北随一の規模を誇る仙台駅には数えきれないほどある。観光客がまず目を向けるのは、新幹線の改札がある3階に整備された「牛たん通り」や「すし通り」だろう。新幹線の改札から近く分かりやすい場所で、多くの飲食店が連なっているから好みの店を見つけやすい。反面、分かりやすい場所に密集しているだけに客数がとても多く、どの店もだいたいいつ行っても満席。店の外に長い行列ができていることもしばしばだ。30分で軽く飲むために1時間待ったのでは、割が合わない。観光客の利用が多いだけにどの店もボリューミーなメニューが多く、したがって値段も張る。美味しいことには間違いないのだろうけれど、気軽にフラッと寄って軽く一杯飲んで出るムードではないのだ。

ここで酒を飲めることは、知っていないと気づかないだろう

そこで私が白羽の矢を立てたのは、西口側の駅舎1階にある「むとう屋」だ。このエリアは長年「Ｄｉｌａ仙台」として駅ナカショッピングモールが運営されてきたのだが、2021年にリニューアルし、名称も「ｔｅｋｕｔｅ仙台」に変わった。むとう屋は、リニューアルに合わせてオープンした駅ナカの酒屋だ。

酒屋だから、基本的には物販店である。店内には宮城県内の酒蔵で製造された日本酒などがズラリと並び、圧巻の品揃え。目当ての品をはっきり決めてから入店しないと、目移りしてしまいそうだ。私を含めて、各地の日本酒にさほど造詣がない者にとっては、どうやって選んだらいいのかも分からない迷宮のような店。

そんな観光客にとってありがたいのが、「仙台驛日本酒バル　ぷらっと」と名付けられた有料試飲コーナーだ。店内の一番奥に設けられ、随時入れ替わる20種類以上の地酒を４００円から試飲することができる。日本酒だけでなく、地ビールやノンアルコールの甘酒なども提供。少量ではあるが乾きもののおつまみがサービスされるほか、店内で販売している商品を購入してつまみにすることもできる。これは、もはや試飲を通り越して〝角打ち〟だ。駅ナカで、気軽に角打ちが楽しめるのだ。試飲スペースは決して広くはなく、4～5人程度で満席になる。しかし、この店があるのは、流しの飲み客はやって来ない場所。しかも「日本酒は2合まで、ビールは3杯まで」との決まりがあるため客の回転が速く、行列ができるようなことはない。試飲スペースは店の外からでは見えにくく、日本酒好きの隠れ家のような雰囲気なのだ。

せっかく選択肢が20種類以上あるのだから、ぜひ飲み比べを楽しみたい。ちょうど、3種類を自由に選んで組み合わせる「飲みくらべセット」があったので、これを注文だ。どれを選べばいいのかさっぱり見当がつかないので、店員にアドバイスを仰ぎながら、タイプの異なる3種をチョイス。「澤乃泉　純米辛口」、「一ノ蔵　純米大吟醸」、「ＺＡＯ純米吟醸Ｋ　吟のいろは」だ。これまでに紹介してきた日本酒は、すべて本醸造の普通酒。今回はよりランクの高い純米酒でまとめた。ちょっと贅沢な角打ちだ。

澤乃泉は、登米市にある酒蔵の銘柄だ。南部杜氏の技術を伝承し、良質の地下水を使った酒造りにこだわった酒造りを行う。製品の大半が県北部で消費される、地域に密着した酒蔵だ。純米辛口は、その名の通りきりりとした辛口で、すっきりした後味が特徴的だった。一ノ蔵は、大

それぞれの酒に対して説明の札が付いており、初心者でも分かりやすい

崎市の地酒。生産量が多いため県外にも広く流通し、東京の居酒屋でもよく見かける。商品のラインナップも多彩だ。その中で、私が今回いただいた純米大吟醸は、なんと宮城を代表する品種の米であるササニシキを使っているという。40％まで丹念に磨いた米と米麹だけで造った酒。雑味がなくシルクのようにやわらかい口当たりで、とても上品な味わいだった。そして、ＺＡＯ純米吟醸Ｋ 吟のいろは。こちらは県南部に位置する白石市の地酒。Ｋシリーズは特約店限定商品で、手に入りにくい一品だ。長年の研究開発を経て２０２０年にデビューしたばかりの酒造米「吟のいろは」を使った、日本酒界のニューフェイスだ。

ちなみに、澤乃泉純米辛口は、酒造米に山田錦を使っている。奇しくも、選んだ3つの酒はすべて異なる品種の米を使って造られたものだった。飲み比べてみて、改めて実感した。日本酒の世界は、あまりにも奥が深すぎる。メーカーの数が多く、各メーカーの中でも酒造米や精米歩合、製造工程などを変えて多種多様な商品を世に送り出している。これをすべて語り尽くすなら、専門家にならないと無理だ。いや、専門家でも難しいのではないだろうか。私はひとりのファンとして、旅先で幸運にも巡り会えた一杯に歓喜するにとどめておくことにしよう。私のレベルで飲み歩くなら、余計な知識はむしろ邪魔になりそうだ。

店内には、様々な酒造米の展示もある

駅酒場にはノンアルコール飲料が付きもの!? ～秋田駅～

東北は米どころで日本酒造りが盛んな地域だから、どうしても本書で紹介するのも日本酒が多くなってしまう。しかしあまり偏りすぎては飽きを誘いそうなので、秋田駅ではクラフトビールを楽しむことにしよう。

秋田新幹線の開業に伴って、秋田駅はずいぶん大きく様変わりした。駅ナカ商業施設という観点で見れば、駅舎に併設されていた秋田ステーションデパートを全面改装し、「トピコ」としてリニューアルオープンしたことが最たる変化ではないだろうか。トピコには多くの飲食店や物販店が整備され、駅ビルだけでほとんどすべてのニーズに応えられると言ってもいいくらい充実している。反面、ホームにあった駅そばはこのタイミングで閉店している（後に改札外で復活）。

国鉄民営化以後、新幹線の開業などで駅がリニューアルされると駅に付随する商業施設が拡大整備され、その一方で改札内から店舗が姿を消すケースが目立つ。これは秋田駅に限ったことではなく、全国各地で見られることだ。近年の例を挙げると、九州新幹線の開通で大きく様変わりした長崎駅や熊本駅などが該当する。国鉄時代には、このような大がかりな商業施設が駅に併設されたのは民衆駅（民間が駅舎建設に出資し、その見返りに商業施設が併設された駅。秋田駅もこれに該当する）くらいで、駅構内で営業できる事業者は限られていた。国鉄が民営化されたことでこの縛りが緩和され、駅舎改築のタイミングで次々に商業施設が整備されていったのだ。駅ナカの充実という点では良いことだと思うが、駅ナカが街から切り離された異空間ではなくなり「駅ナカらしさ」が薄れてきていることには一抹の寂しさを感じる。本書で取り上げる店舗も、可能な限り駅ナカにある必然性を見出すように心がけているのだが、おおいに苦労しているところである。

さて、トピコは3フロアで構成され、1階にはファストフード店など、2階には物販店、3階にはダイニングタイプの飲食店という構造になっている。だから、駅酒場を探すなら3階に足が向くところだ。しかし、駅酒場はできれば改札とフラットの2階にあってほしい。その方が、駅利用者がついでにフラッと寄るのに好適で、より駅酒場らしいと言えるだろう。

立ち飲みコーナーは通路に面していて目立つ立地にある

物販店が並ぶエリアにも、駅酒場はあるものだ。仙台駅には、角打ちができる酒屋があった。そして秋田駅には、地場産品のセレクトショップ「あきたくらす」に立ち飲みコーナーが併設されていた。こちらは、２０１７年のオープンだ。ここでは、地元秋田のクラフトビール「なまはげＩＰＡ」を飲んでみることにしよう。

仙台駅の「むとう屋」と比べると、おつまみのラインナップが豊富だ。店内に調理設備はないのでいずれも作り置きのものではあるが、秋田ならではの燻製漬物「いぶりがっこ」も手ごろな価格で味わえる。「むとう屋」は角打ち、「あきたくらす」は立ち飲み屋の色合いが強いと言えそうだ。

なまはげＩＰＡは、金色に輝くサーバーから注ぎ入れる。音もなくグラスが黄金色のビールで満たされていき、きめ細かな泡が浮かび上がる。カウンタースタイルの立ち飲み店は、こういったシーンを間近に眺められるのも利点だ。キュウリの漬物と大根のいぶりがっこがセットになった「おつまみがっこ」とともにいただこう。

なまはげIPAといぶりがっこ。香りが強いもの同士の組み合わせとなった

ひと口含むと、ホップの苦味が上顎の裏に貼りつきそうなほど強烈に広がった。それでいて、舌には夏ミカンのような酸味と甘みを伴ったフルーティーなフレーバーが残る。これがＩＰＡの特徴であり、最大の魅力でもある。

ビールには、大別すると上面発酵（エール）、下面発酵（ラガー）、自然発酵の3種類がある。これは発酵方法の違いによる分類であり、その名の通り上面発酵は発酵させることで酵母が麦汁の上面に浮きあがってくるものを指す。下面発酵はその逆で、発酵が進むと酵母が沈殿する。自然発酵は、培養せずに自然界に存在する酵母をそのまま使用する方法だ。自然発酵のビールはあまり普及しておらず、一般的に流通しているビールはたいてい上面発酵か下面発酵のビールである。古くから造られてきたのは、上面発酵のビール。２０００年の歴史があるとも言われ、酸味を帯びたフルーティーな味わいが特徴だ。下面発酵のビールは中世に始まり、世界的に普及したのは19世紀。上面発酵より低温の環境で発酵させるため雑菌が繁殖しにくいという利点があり、淡麗な味わいで喉ごしがよいのが特徴。大量生産に向いていることもあり、大手メーカーの主要銘柄はほとんどが下面発酵である。先に紹介した旭川の大雪地ビール（ピルスナー）も、下面発酵ビールに属する。上面発酵は、中小規模のクラフトビールに多く取り入れられている。

ＩＰＡは「インディア・ペールエール」の略であり、エールビールの一種。つまり、上面発酵のビールだ。一般的なペールエールよりも多くのホップを使い、苦味を強めているのが特徴だ。苦味だけでなくホップに特有の香りや甘みを強く感じるものもあり、個性的なビールが多い。エールビールはもともと個性を生み出しやすいスタイルだが、ＩＰＡはそれがさらに際立ち、飲み比べたときに銘柄ごとの違いが分かりやすいビールだと言えるのではないだろうか。

なまはげＩＰＡを飲みながら、ふと卓上のメニュー表に目を向けると、ノンアルコールの「甘酒」がラインナップされていることに気づいた。そういえば、仙台駅の「むとう屋」にもノンアルコールのメニューがあった。これは、街なかの酒屋の角打ちではなかなかお目にかかれないものだ。

ひとつ、駅酒場の特性を見出すことができたように思う。鉄道駅は、ひとりではなくカップルやグループ、家族連れなどで利用する機会も多い。グループであれば、その中にひとりやふたりくらいは、酒を飲めない人がいるかもしれない。未成年の子どももいるかもしれない。こういったグループ客でも利用しやすいように、ノンアルコールのメニューが用意されているのではないだろうか。街なかの酒屋での角打ちに子連れで行く人は、そうそういない。酒が飲めない人と連れ立って行くことも、なかなかないだろう。駅酒場は、ノンアルコールでも楽しめる。これをひとつの仮説として打ち出しておくことにしよう。

主役の板そばを、酒が援護する ～大石田駅～

県庁所在地の代表駅が続いたので、今度は少し静かな駅を取り上げてみたい。山形新幹線の停車駅の中で乗降者数が最少（2022年実績）の大石田駅だ。駅周辺には閑静な住宅地が広がっており、市街地の趣ではない。駅舎は新幹線開業に伴って改築されたけれど、平屋建てで旧駅舎とさほど変わらない規模。新幹線の停車駅とは思えないほどコンパクトだ。屋根が階段状になっており、誰でも屋根の上まで歩いて登ることができる。遠くから見るとサッカースタジアムの観客スタンドのように感じる、珍駅でもある。

改札外の待合室の奥には、そば処「ふうりゅう」がある。大石田産のそば粉「来迎寺在来種」で打った二八そばを提供し、山形県最上地域の郷土そば「板そば」が人気の店だ。もともとは、「駅そば」と呼ぶには少々敷居の高い店だったのだが、新型コロナの蔓延で観光客の利用が減少したこともあり、2022年に全面リニューアル。食券制が導入され、駅そば感覚で利用できるワンコインメニューを売り出すなど、地域住民の普段使いも意識した店に生まれ変わったようだ。

階段状の屋根の上では、各種イベントが開催されることもある

観光客の利用が多い新幹線の駅では、このようにコロナ禍で敷居を下げたケースが散見される。その好例が、福島駅だ。西口改札外で営業するそば店「松月庵」は、かつてはファストスタイルの立ち食いコーナーを少々併設した手打ちそば店だった。観光客はフルサービスのテーブル席、地域住民の普段使いは立ち食いコーナーを利用することが多く、フロアの面積比は1：9くらいの割合でフルサービス席の方がメインだった。しかし、コロナ禍に入った2020年の夏にリニューアルされ、すべての席がファストスタイルのセルフサービスになっている。

大石田駅の「ふうりゅう」は、カジュアルな店に生まれ変わったとはいえ、現在も大石田産のそば粉を使った二八そばを看板メニューに据えている。となれば、板そばを食べてみないわけにはいかない。冷やの日本酒とともに注文だ。

板そばは、その名の通り、柾目の杉板で作られた木箱に薄くそばを盛りつけるのが特徴。そばの香りにほんのりと木の香が加わり、独特な味わいを醸し出す。太打ちで、甘皮ごと挽いた黒々としたそばのイメージが強いが、挽き方や打ち方は店ごとに異なり、更科そばのように白っぽい麺に仕立てることもある。あくまでも、盛りつけ方が特徴なのだ。これは個人的な意見であるが、板そばは木の香をまとうため、そば自体の香りが弱いとぼやけた味になってしまう。太打ちの田舎そばの方が、板そばには向いているように感じる。

その点、「ふうりゅう」の板そばは、期待通りに黒々とした太打ち麺だ。啜るというよりも、モグモグと咀嚼して食べるタイプのそばだ。歯ごたえが強く、顎に少し力を入れて噛めば噛むほど、そばの香りが口の中いっぱいに広がっていく。これは文句なく美味しい。

そばの香りがとても強いので、酒を喉に流し込んでも、そばが主役の座を譲らない。酒は、むしろそばの香りを引き立たせる縁の下の力持ちだ。カラオケでバックコーラスを入れて盛り上げるようなイメージだろうか。

表面積が広い板そばは、味だけでなく見た目も主役を譲らない

酒を中心に楽しみたいのなら、アテには板そばではなくにしん味噌煮や漬物盛合せといった一品料理を選んだ方がいいかもしれない。あるいは、酒を純米吟醸酒にする手もあるか。いろいろ試してみたいメニューが多く、1回だけで終わりにするのではなく、二度三度と繰り返し訪れてみたくなる店だった。

料理を選ばない高畠ワイン ～高畠駅～

全国の新幹線停車駅の中に、駅ナカで温泉に浸かれる駅がふたつある。ひとつは、上越新幹線の越後湯沢駅。そしてもうひとつが、山形新幹線の高畠駅。どちらも列車旅のついでにサッとひとっ風呂浴びることができ、たいへん便利でインパクトも強い。ただ、このふたつの駅ナカ温泉は、方向性がだいぶ異なる。越後湯沢駅の「酒風呂湯の沢」は、日本酒に特化したテーマパーク「ぽんしゅ館」内にあり、温泉に浴用の日本酒を混ぜた酒風呂になっている。湯船が大きいと大量の日本酒が必要になるためか、施設全体がコンパクトな造りで、じっくり浸かるというよりはサッと汗を流す感覚だ。冬場には、近隣のスキー場でウインタースポーツを楽しんだ後で汗を流すのに最適だろう。一方、高畠駅の「太陽館」は、公衆浴場の趣。天井が高く、湯船も広々。列車を一本やり過ごしてでも心ゆくまで浸かりたくなる温泉だ。

尖塔が印象的な高畠駅舎。駅を出て右手に「駅のやきにく屋さくらんぼ」がある

高畠駅には、駅ナカ温泉のほかにもさまざまな特徴がある。まず、外観。山形新幹線開業に合わせて改築された合築駅舎は、高畠町出身の童話作家・浜田広介さんにちなんで、西洋の古城風の建物になっている。そして駅舎にはJR系列のホテル「フォルクローロ高畠」が併設され、駅舎内には米沢牛を味わえる焼肉店「駅のやきにく屋さくらんぼ」もある。魅力的な要素がとても多い駅だ。

焼肉には、酒が付きもの。ビールやハイボールなどの定番酒類のほか、高畠町の地酒や地ワインも提供している。大規模な駅ビルの上階あたりなら、焼肉店があっても何ら不思議ではない。しかし、駅舎の1階で、しかも当駅構内で営業する飲食店はこの1軒のみ。それが焼肉店というのは、たいへん興味深い。果たして駅ナカの飲食需要にマッチしているのかと、いささか疑問にも思うところだ。

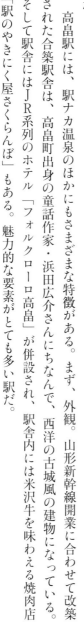

米沢牛は、1人前1045円〜（写真は2人前）。思っていたよりリーズナブルだった

店内には、テーブル席と横並びの席がある。大半がテーブルで、排煙設備がテーブル席にしかないことから、横並びの席は焼肉以外のメニューを飲食する客向けだろう。もしかしたら、ちょい飲み客はこちらに陣取ることが多いのかもしれない。私は、どうしても米沢牛の焼肉を食べてみたかったので、ひとりでテーブル席を使わせていただいた。

まずは、メニューをチェック。焼肉の肉には、大きく分けると3タイプがあるようだ。ひとつは、山形県南部の置賜地域で肥育されたブランド牛肉、すなわち米沢牛。次に、山形県産ではないけれど山形県産の和牛。そして、山形県産ではない牛肉。当然ながら、価格は米沢牛が一番高く、山形県産以外の肉が一番安い。お金はかかってもいいから米沢牛を食べたい人、ほどほどのところで良質な肉を楽しみたい人、とにかくお腹いっぱい食べたい人。あらゆる欲求を満たすラインナップになっている。

そして、焼肉以外のメニューがいっそう面白い。まず、ラーメンが5種類も設定されている。これはまだ山形牛の牛骨スープを使っているとのことなので理解できるのだが、カレーライスに天丼などの丼もの、うどん、そして日替わりの定食ランチまで提供している。「ここ、焼肉屋だよね？」と、苦笑いしたくなるメニュー構成になっているのだ。気になって仕方ないので、店長の鈴木大登さんに理由を尋ねてみた。

「駅の利用者は、サラリーマンの方から学生さん、ご高齢の方に主婦の方まで、いろいろな方がおられます。併設されたホテルに宿泊されている方も、食事に利用していただいています。もちろん焼肉を召し上がっていただきたいという思いはあるのですが、より幅広いニーズに応えられるように、定食メニューなども用意しています」

なるほどと頷くしかない回答だった。複数の飲食店が入居する大きな駅なら、個々の飲食店のメニューは専門的なものであっても差し支えない。しかし、駅ナカの飲食店が1軒しかなければ、その1軒であらゆるニーズをカバーすることが必要で、専門化が難しい。オールラウンドな飲食店になるケースが多いのだ。ホテルの宿泊客も利用するとなれば、ちょい飲みの需要も少なからずあるだろう。

「ビールとキムチだけ注文して、サッと飲んでパッと出て行かれる方もたくさんおられます」

と鈴木さんは話す。

焼肉をメインメニューとしながらも、駅利用者とホテルの宿泊客の多様なニーズをカバーする。先に紹介した八戸駅の「いかめしや烹鱗」と同じ機能性を持つ駅ナカ飲食店だったのだ。

話を聞いている間に、米沢牛と高畠ワイン、そしてつまみに注文した山形牛のユッケが運ばれてきた。まずは、米沢牛をいただこう。

「焼き加減は、ミディアムレアがオススメです」

鈴木さんがそう教えてくれたので、あまり焼きすぎないように気をつけるのだが、これがなかなかうまくいかない。なぜなら、米沢牛は美しいサシの入った霜降り肉で、網の上にのせるとすぐに火柱が上がるからだ。この状態が続くと、カリカリに焦げて固くなってしまう。肉を何枚も同時に、それも網の中心付近にのせるのはタブーだ。美味しく食べるコツは、基本的に1枚ずつ焼くこと。それも、火力が強すぎる網の中心部は避け、少し端寄りで焼くのがいいだろう。

それでも、やっぱり火柱は立ってしまう。サシの脂肪分は網の下にも落ちるから、網の上に氷をのせても鎮火に時間がかかる。でも、美味しいものを美味しく食べるためには、手間暇を惜しんではいけない。鎮火を待つ間も、高鳴る気持ちを最高潮まで盛り上げる時間だと思えば苦にはならない。

高畠ワインと山形牛のユッケ。ユッケは、ローストビーフを使ったアイデア料理だ

苦労して上手に焼けた米沢牛は、期待どおりに絶品だった。咀嚼するまでもなく、口に入れた次の瞬間には溶けてなくなってしまう。脂の旨みが口腔内を駆け抜け、飲みこむとスッと切れる。濃厚なのに、後味は

鈴木さんは、ひとりで店を切り盛りする時間帯もあり、連日大忙しだ

さっぱりしていて飽きることがない。これが、米沢牛が全国に名を馳せるブランド牛肉たるゆえんだろう。

そして、高畠ワインだ。国産ワインというと山梨県や長野県のイメージが強いが、果樹園が多い山形県にも多くのワイナリーがある。なかでも、1990年に創業した高畠ワイナリーは東北随一の出荷量を誇り、多種多様な商品を世に送り出している。

今回私がいただいたのは、ライトボディですっきりした味わいが特徴の「高畠醸造 ルージュ（赤）」。透明感のあるルビー色で、照明が当たると宝石のようにキラキラ光る。見た目にも美しいワインだ。一般的に、赤ワインは肉料理に合うとされている。そう思えばこそ山形牛のユッケを注文したのだが、癖がなくやさしい味わいのワインだから、どんな料理に合わせても一定のパフォーマンスを発揮するのではないかと感じた。駅併設ホテルの宿泊者がやるという、キムチだけで酒を飲んでサッと出るちょい飲み。高畠ワインでこれをやる手もあるだろう。もつ煮込みと合わせてもいいな。料理メニューが多岐にわたるだけに、ワインにいろいろな可能性を見出すことができそうだ。それでも、再びこの店を訪れるときには、やっぱり米沢牛を食べたくなってしまうのだろうなぁ。

駅西口広場には、大きなワイン樽のモニュメント。ホームのブドウ園とともに名物になっている（塩尻駅）

「ぽんしゅ館」前の名物マネキン。コロナ禍では、酔っぱらってもきちんとマスク着用（越後湯沢駅）

第二章

関東の駅酒場

王道も個性派も揃う、飲める駅ナカ餃子店 ～宇都宮駅～

4月。東北方面への取材旅行の帰りがけに、宇都宮駅に降り立った。東北地方は寒いイメージが強いけれど、実感として仙台以南は東京と大差ない。仙台を過ぎて小牛田《こごた》あたりまで北上すると、急に風が肌を刺すような冷たさに変わる。ましてや今回は青森や秋田まで足を伸ばしたので、東京との差は歴然だった。北東北は、東京よりも春の歩みが1か月以上遅い。

今回は、青春18きっぷではなく北海道&東日本パスでの旅だった。盛岡から青森方面へは、北海道&東日本パスの方がスムーズに動ける。私の旅は1か所にとどまるようなことはあまりないから、利用期間が連続になる点も特段デメリットにはならない。

関東地方における効力は、青春18きっぷも北海道&東日本パスも同じである。快速を含むJRの普通列車のみ乗車できる。だから、仙台方面から東北本線で帰ってくる際には、福島、新白河、黒磯、宇都宮と細かく乗り継ぎが発生する。新白河での乗り継ぎは、2017年に黒磯駅の電力設備変更により運行系統が分割されたことで発生するようになったもの。同一ホームの前後に列車が停車するので、乗車位置によっては少し距離がある乗り継ぎとなる。ホームが狭いため混雑時には思うように歩けず、「乗継便に乗り遅れてしまうのではないか」とやきもきすることも多い。新白河での運行系統分割は、青春18きっぷ等の利用者にとっては決してありがたいことではない。

新白河でも黒磯でも、乗継便の接続時間は短い。だから、食事はもちろん、コンビニエンスストアでの買い物やタバコの一服、トイレさえも我慢して、一目散に乗継便に乗り込む。この忙しなさから解放されるのが、宇都宮駅である。東北本線の宇都宮以南は本数が多いので、乗り遅れたら次の便を待てばいい。あまり時間を気にする必要がないのだ。

したがって、青春18きっぷ等のユーザーにとって、宇都宮駅は食事や買い物目的で下車をする機会が多い。西口のペデストリアンデッキに喫煙所があるから、タバコを吸うために下車する人もいるだろうか。そして、駅酒場でちょい飲みを楽しみたくなるのもこの駅なのだ。

宇都宮の名物といえば、餃子である。そして餃子といえば、酒だ。余裕のない乗り継ぎが続いてお尻が痛くなってきた頃に、名物の餃子で一杯飲める駅にたどり着く。こうなると、もはや下車せずにはいられない。

宇都宮が餃子の街となったきっかけは、第二次世界大戦だと言われている。宇都宮に駐屯していた陸軍師団が中国へ出征した際に現地の餃子に出合い、引き揚げ後に市内で広めていった。1993年に市内の専門店らが宇都宮餃子会を結成し、その後のご当地グルメブームもあって全国に知られるようになっていった。全国的には、餃子は中華料理店などで提供されることが多く、したがって日本全国に分布している。宇都宮にしかないものではない。しかし特筆すべきは、宇都宮には中華料理店のサイドメニューとしてではなく、餃子を専門的に提供する店が多くあることだ。

駅ナカのスーパーマーケットでは、土産用のチルド餃子も圧巻の品揃え

もちろん駅ナカにも、餃子を食べられる店が多数ある。知名度が高いのは、「宇味屋」と「宇都宮餃子館」だろうか。改札とフラットの駅ビル2階に、この2軒が並んでいる。改札から最も近い駅ナカ餃子店だ。また、どちらも駅前の目立つ場所にも店舗を出店しており、大きな看板も掲げているので、西口のペデストリアンデッキに立ったときにパッと目に入る。つまり、視覚的に印象に残りやすいのだ。しかし、改札から近いこともあって混雑が激しく、長い行列ができることもしばしば。

駅ビル3階には、宇都宮餃子の有名店「みんみん」が手掛ける餃子バルがある。ここも魅力的ではあるのだが、店舗の場所は厳密に言えば駅併設のホテル内（フロント前を通過した先）であり、鉄道の匂いがあまり感じられない。それに、駅併設ホテルの駅酒場は八戸駅ですでに紹介済みなので、本書の構成上取り上げにくい。

さらに、駅ビルの1階には、変化球タイプの餃子店が2軒ある。ひとつは、市内の老舗味噌蔵が手掛ける餃子店「青源」。味噌ベースのタレで食べる餃子が美味いと評判だ。ただ、こちらも混雑が激しい。私が訪れたときには店頭に10人ほど並んでおり、その15分後くらいにもう一度行ってみても行列の顔ぶれがまったく変わっていなかった。グループ客が多いのか、客の回転があまり速くない店のようだ。あまり目立たない場所にあるのにこれだけ行列ができるのだから、味は確かなのだろう。ただ、「今すぐ食べたい」という私の欲求は満たされそうにない。もう1軒は、「餃子といえば芭莉龍」という一風変わった名の店だ。こちらは酒類の提供にも力が入っている駅ナカバル風の店で、本書のテーマとの適合性が高い。しかし、この店はもともとベトナム料理店であり、餃子も麻辣仕立てのものやパクチーをのせたものなど変わり種が中心。今の私が欲しているのは王道の焼き餃子で、待たずに入れてパッと食べられ、サッと飲んでスッと出られる店なのだ。

混んでいるように見えても、行列の回転が速い

この観点で駅ナカ餃子店を探したときに私の心を大きく揺さぶったのは、駅ビル1階に整備された小型フードコート「宇都宮フードホール」内に店を構えている「満天家」だった。味噌ラーメンと餃子を主力メニューとする店だ。

こちらにも、注文口には10人ほどの行列ができていた。しかし、フードコートの行列は、概して単独店舗の行列よりも回転が速い。なぜなら、単独店舗の行列は客席の空きを待っているのに対し、フードコートの行列は注文を待っているだけだからだ。案の定、10分も待たずに私の番が巡ってきて、無事に焼餃子とレモンサワーを注文することができた。もちろん、行列に並ぶ前に、客席の空きが充分あることを確認済みである。

濃いキツネ色の焼き目がついて、パリッと仕上がった餃子。私は、ラーメン店などで餃子を食べる場合にはあまりタレを使わない。何もつけずに食べるか、ラーメンのスープに浸して食べることが多い。しかし、今回は酒のお供にするので、タレをつける。タレは、ラー油を多めにするのが私流。醤油と酢を合わせたタレが用意されている店なら、ラー油2に対してタレ1くらいが基本だ。ラー油は辛さに棘がなくまろやかなので、ある程度強めても極端な辛さにはならず、むしろゴマ油の香ばしさが強調されて美味いのだ。ただし、用意されているのが山椒入りのラー油だった場合には、控えめにする。香ばしさとまろやかな辛みをまとった餃子は、地元栃木県産の豚肉「ヤシオポーク」の旨みたっぷり。ほんのり利かせたニンニクの香りも食欲をそそる。食べ進めるごとにじんわりと美味しさがこみ上げてくる餃子だった。これぞ、定番にして王道。

レモンの輪切りをのせたレモンサワーも、餃子との相性が抜群だ。キュンと艶のある酸味が、豚の旨みと絶妙にマッチする。サワーはビールほど後を引かないので、「1杯だけ飲んで出る」と心に決めたときには特に重宝する。

輪切りのレモンを眺めて、ふと思う。街なかの居酒屋では、レモンやグレープフルーツなどの柑橘類を客が絞って果汁を加える「生絞りサワー」を扱う店が多い。きちんと統計を取ったわけではないが、駅酒場ではこれをあまり見かけないような気がする。生絞りサワーは、デモンストレーションション性に重きをおいたメニューだ。グループで飲む場合には、これがあると盛り上がる。好みの異性が生絞りサワーを注文すると、「私が絞ってあげるよ」と争奪戦が始まる。そんな経験がある人も多いのではないだろうか。駅酒場は、街なかの居酒屋に比べるとひとり客が多く、店内滞在時間も短い。生絞りサワーは敬遠される傾向があるのかもしれない。

焼餃子は、羽根をつけない昔ながらのスタイル

酒で仕込んだ黄色い日本酒 ～高崎駅～

駅弁「峠の釜めし」が有名な、信越線横川駅の荻野屋。駅そばや大衆食堂も手掛ける、群馬の雄だ。個人的には、国道18号沿いで営業するドライブインへの思い入れが強い。高校から大学時代にかけて、夜行のバスツアーでスキーに出かけるたびに休憩スポットとして立ち寄り、釜飯を食べたりコーヒーを飲んだりして、狭い座席で凝り固まった体をほぐしたものだ。

そんな想い出があるものだからだから、高崎駅では荻野屋が運営する郷土料理店「群馬の台所」を取り上げるつもりでいた。改札を出て、２０１０年に開業した東口駅舎のコンコースを歩く。しかし、店まであと30mというところで、私の心は揺れてしまった。あまりひと気のないコンコースに、いつの間にか日本酒バル「Ｃｈｏｉｎｏｍｉ ＫＡＴＳＵ」がオープンしていたのだ。群馬の台所はダイニングタイプの店で、腰を据えて、時間を気にすることなく舌鼓を打つタイプの店。これに対して「Ｃｈｏｉｎｏｍｉ ＫＡＴＳＵ」は間仕切りのない簡易的な店舗で、店名のとおりちょい飲み志向が強い。本書のテーマにピタリと適合する店だったのだ。悩んだ末に、荻野屋の想い出は胸の内にそっとしまっておくことに決めたのだった。

「Ｃｈｏｉｎｏｍｉ ＫＡＴＳＵ」がオープンしたのは、コロナ禍の２０２１年4月。西口の街なかで営む日本酒バーの2号店だという。コロナ禍でのオープンを意外に思う人もいるだろうか。しかし、実は駅酒場はコロナ禍を経てずいぶん増えているのだ。

終電から始発まで閉鎖される駅構内では、終夜営業はできない。深夜帯の営業も、駅ビルの規約等の都合でかなり制限される。反面、始発から終電まで人通りが絶えることはなく午前中からある程度の客数を見込める。

長い暖簾で目隠しされた店舗。入りやすく出やすい雰囲気だ

深夜営業自粛が呼びかけられたコロナ禍でも一定の収益を見込めるのが駅ナカだったのではないかと推察できる。だから、街なかの居酒屋などがコロナ禍に駅ナカへ進出するケースが多かったのではないだろうか。

お得な「ちょい呑みセット」が設定されていたので、迷わずこれを選ぶ。この店のちょい呑みセットは、少し変わっていた。ちょい飲みセットは、酒1杯＋料理1品か、酒1杯＋料理2品であることが多い。しかし、この店では「ビール＋日本酒＋料理1品」というセットになっているのだ。ビールは、ハートランドの小瓶で固定。日本酒は、好みのものを選択可能。そして料理は店にお任せとなる。この日ラインナップされていた日本酒は、30種以上。このうち12種が群馬の地酒だったので、この中から店員に「味わい深くてあまり辛口ではないものを」とリクエストし、「Ｔｓｕｃｈｉｄａ Ｋ」を選んでもらった。利根川の源流に近い川場村の地酒だ。料理は、冷奴にキュウリ、ワカメ、生姜をのせて酢味噌をかけた一品だった。

椅子席は先客であらかた埋まっていたので立ち飲みの席に陣取り、まずはハートランドをグイッと流し込む。ハートランドは、麒麟麦酒が製造するオールモルト（麦芽１００％）のプレミアムビール。キレがあるわりにしっかりとしたホップの香りが感じられ、上品かつ爽快なビールだ。

ビールと日本酒を両方提供するちょい飲みセットは珍しい

続いて、Ｔｓｕｃｈｉｄａ Ｋ。これは、飲む前からとても楽しみな酒だった。なぜなら、白いぐい飲みになみなみと注がれた酒は、一瞥して目を見開いてしまうほど黄色みが強かったからだ。これはもはや「黄色っぽい」ではなく、完全に黄色だ。ネーミングセンスも含めて、これは若手の職人が自由なアイデアから生み出した特別な酒なのではないか、と推察していた。

私の読みは、「特別な酒」の部分だけ当たっていた。Ｔｓｕｃｈｉｄａ Ｋは、仕込みの水の一部を酒で代用して造られた酒、いわば貴醸酒だったのだ。その特徴は、濃厚な味わいと甘み、そして独特なとろみ。

濃い色がつくのも特徴のひとつだ。ただし、貴醸酒は１９７５年に国立醸造試験所（現酒類総合研究所）が開発したもので、その製法は平安時代の古文書『延喜式』に記載されているものに近い。職人の自由な発想から近年生み出されたものではなかった。なお、「貴醸酒」という名称は貴醸酒協会により商標登録されており、同会の会員しか商品に付すことができない。非会員の酒蔵は、同様の製法で造った酒を「再醸仕込」「醸醸」「三累醸造」などと称している。Ｔｓｕｃｈｉｄａ Ｋは、頭文字の「Ｋ」を付すことでこの製法を表現している。

まったくの偶然から行き着いた店で、良い酒に出合った。インパクトがあり、美味しく、勉強にもなった。この濃厚な甘みは、料理はもちろんだが饅頭やケーキといった和洋菓子にも抜群に合いそうだ。チャンスがあれば、いろいろなスイーツとのカップリングを試してみたい。

日本人好みの本格中華駅酒場 ～熊谷駅～

中華料理店は単価が安くボリュームのある一品料理を多く扱っているので、飲み代を安くあげたい場合には絶好の穴場となる。ただ、ちょい飲みを楽しめる中華料理店を駅ナカで探すとなると、そう多くは思い当たらない。主戦場は、圧倒的に街なかだ。簡便性の高い中華料理店の駅ナカ進出は、やや遅れをとっている印象を受ける。

そんな中、熊谷駅では、オーナーが中国・山東省出身で台湾出身の料理人が腕を振るう「美食軒」が奮闘している。しかも、ラーメンは４１８円から、一品料理は１７６円からという格安設定の店だ。

オープンしたのは、２０１６年。駅ナカの飲食店としては珍しく、深夜24時まで営業する（ラストオーダーは23時30分）。駅そばや広域チェーン

コロナ禍突入を契機に、弁当の販売も始まっている

のラーメン店より遅くまで店を開けているのだ。貧乏性の私は青春18きっぷ等を可能な限り有効活用しようと夜遅くまで移動するので、熊谷到着は旅の最終日の22～23時頃になることが多い。それでも、途中下車をして本場の中華料理で一杯飲めるのだ。この店があるおかげで、私にとって熊谷は、わざわざ列車を下りて旅の余韻を楽しむ街という位置づけになっている。

今回は、青椒肉絲《チンジャオロースー》と生ビールをいただいた。オーダーが通るや否や、厨房内では中国語が飛び交い、食材を炒める音が聞こえ始めた。時折、鉄鍋と鉄勺が当たる金属音も混ざる。これらの音が不意に止んだなと思ったら、もうアツアツの青椒肉絲が運ばれてきた。短時間で調理できるメニューが多いのも、中華料理店の利点だろう。甜麺醤のコクと甘みが際立ちながらも、素材の旨みを殺すことなくサッと炒めあげた青椒肉絲は、まぎれもなく本場の味だ。

しかし、ビールは国産だ。中華料理店では、青島《チンタオ》ビールなど中国本土の瓶ビールを提供する場合が多い。台湾寄りの店なら、台湾啤酒《タイワンビージョウ》が提供されることもあるだろうか。それなのに、この店ではどちらも扱いがなく、ビールはキリン一番搾りなのだ。

本格中華料理店でありながら、ある程度ジャパナイズもされている。実は、これこそが美食軒の大きな特徴なのだ。本格中華料理のほかにも、たこわさびや冷奴といった和風のおつまみも揃え、ラーメンメニューの中にも豚骨ラーメンや味噌ラーメンといった日本発のものが含まれている。飲み物も、ビールだけでなくサワーやハイボールなどを各種取り揃える。壁一面にドリンクメニューの短冊が貼られている光景は、下町の居酒屋そのものだ。

そして極めつけが、店の看板メニューでもある台湾ラーメンだ。あっさりしていながらも深みがある醤油ラーメンに、モヤシ、ニラ、豚肉そぼろのトッピング。確かに台湾寄りの味覚ではあるのだけれど、これは

本格中華料理も、ワンコインで結構選べる。1000円札1枚で充分楽しめる店だ

台湾には存在しないラーメンだ。名古屋の台湾ラーメンともだいぶ違い、あまり辛くない。台湾の南部に位置する台南市の名物である担仔麺を独自に日本風にアレンジしたものだろう。

第1章で、駅ナカに飲食店が1軒しかなければ、専門店からオールラウンド化していくと書いた。熊谷駅の場合には、駅ナカにいくつもの飲食店が入居しているので、100%この理屈に当てはまるわけではない。しかし、傾向としては同じ括りになるのではないかと考える。美食軒のオーナーは、熊谷駅構内店を開く前から関東地方の各地に中華料理店や居酒屋、惣菜店などを展開している。日本人の好みをしっかり把握したうえで熊谷駅構内の店舗を立ち上げているのだ。そのような下地があってこそ、多くの飲食店がしのぎを削る熊谷駅でもややオールラウンド化した中華料理店になったのではないだろうか。ましてや駅ナカとなれば、車で訪れる客が多いロードサイド店舗より酒の需要が高まる。そして、熊谷の場合には街に出れば居酒屋は数えきれないほどあるのだから、駅ナカでは腰を据えてしっかり飲むよりは軽く一杯ひっかける需要の方が多いと考えられる。そこまで計算されたうえで、サワーやハイボールの短冊が壁を埋め尽くしているのだと思う。実に合理的で、私はなるほどと頷くしかなかった。

昭和レトロな駅酒場に、ご当地グルメが集結！～大宮駅～

「えっ！この場所に？」と目を白黒させるような駅酒場が、コロナ禍の出口が少しずつ見え始めた2021年12月にオープンした。

大宮駅は、埼玉県下最多の乗降者数を誇るマンモス駅だ。さいたま市の代表駅は県庁に近い浦和駅だが、駅や駅周辺の街は大宮の方が遥かに発達しており、経済的な中心駅は大宮である。新幹線を含め計13路線（各方面への新幹線を計6路線として計算）が乗り入れており、当駅で列車を乗り換える人もたいへん多い。そのため、改札内のコンコースは朝早くから夜遅くまで、人の流れが途切れることはない。特に北側コンコースは、行き交う人々が多いうえ通路がやや狭いため、対向者を避けて歩くのに苦労するほど混雑が激しい。

このほど誕生した駅酒場「大宮横丁」は、まさにこの北側コンコースにある。それも、昭和中期のレトロムードを演出した、テーマパーク型の店。この店を目当てに大宮を訪れる人も多いだろうし、観光客が店の前を通れば「おっ！ なんだこの店は⁉」と、思わず足を止めるだろう。へたに立ち止まれば対向者や後続者と衝突してしまうのではないかと、ひやひやする。

マンモス駅の駅酒場は、駅利用者のメイン動線から外れた場所か、スペースに余裕のある場所で営業することが多い。駅利用者全体の利便性を考慮するJRの系列会社が運営する店なら、なおさらだ。複数の駅酒場が連なるような〝横丁〟は、メイン動線とはフロアが分かれていることも多いのだ。「大宮横丁」はメニューごとにブースが分かれたフードコート形式の店舗で、言ってみれば横丁風。どの側面から考察しても、この場所にオープンしたのは意外なのである。初めて訪問する際には、ショーウインドウに並んだメニューサンプルを眺めてどれを食べようかと悩むだろう。その場合には、コンコースを往来する人々の流れを阻害しないようご注意を。

券売機は2台。片方は現金対応、もう片方はキャッシュレス専用。出入口はもう1か所あり、そちらにも券売機がある

メニューのコンセプトは、全国のご当地グルメ大集結。北は北海道のスープカレーから南は沖縄の沖縄そばまで、各地の名だたるご当地グルメが一堂に会し、昭和レトロなムードの店内で味わえる。「台湾から揚げ」や「韓国ヤンニョムチキン」などもあるので、日本国内という枠組みからも少々はみ出ている。

注文は、出入口脇の券売機で行う。食券を購入すると、自動的に厨房へオーダーが通る仕組みだ。各ブースでの食券のやり取りがないぶん合理的ではあるが、注意も必要である。なぜなら、「ドリンクは料理と一緒に提供」といった融通が利かないからだ。食券を買うと同時にオーダーが通り、ドリンクはすぐに提供される。これに対して、料理は時間がかかるものもあるので、提供タイミングが大幅にずれてしまうことも考

埼玉越生ゆずサワーは、割り材ではなく酒類として発売されているもの。ジョッキは、氷だけ入った状態で提供

えられるのだ。かといって、先に料理だけ注文して後からドリンクを追加注文するのも、あまり合理的ではない。なぜなら、ドリンクの注文のために出入口脇の券売機まで行き、行列に並ばなければならなくなるからだ。

したがって、この店を駅酒場として利用する場合には、注文するドリンクと料理の組み合わせを熟考したい。ビールなど提供後すぐに飲みたいドリンクを注文するのなら、合わせる料理は迅速提供の一品ものがよいだろう。逆に、ある程度提供に時間がかかりそうな料理を食べたいのなら、先に提供されても料理を待てる酒を選ぶのがよい。私は、せっかく大宮の地で食べるのだから、大宮を代表するご当地グルメの「大宮ナポカツ」を第一に選択。これは調理に少々時間がかかるだろうと読み、ドリンクは「埼玉越生《おごせ》ゆずサワー」を選んだ。これは瓶での提供なので、栓を開けなければ時間をおいても炭酸が抜ける心配はない。

埼玉県西部の越生町や毛呂山町などは、柚子の特産地として知られる。南東を向いた傾斜地が多く、寒暖差が大きい気候で柚子の栽培に適し、江戸時代から栽培が行われてきた。柑橘類は一般的に寒さに弱いため、東日本よりも西日本に主産地が多い。柚子の都道府県別出荷量ランキングを見ても、上位は軒並み四国や九州である。その中で、埼玉県は10位に食い込んでいる（農林水産省統計）。東日本に限って見れば、埼玉県が第1位なのである。

越生産の柚子果汁を使ったサワーは、ひと口飲めば華やかな酸味に包まれ、少し遅れてほろ苦さが走る。なんとも上品な味わいだ。イメージは、貴婦人。果物の女王がマンゴスチンなら、果物の貴婦人は柚子だと思う。

そして、ナポリタンスパゲティにトンカツを1枚ドカンとのせた、大宮ナポカツ。こちらは貴婦人のイメージとは程遠く、男性的な力強さを感じるご当地グルメだ。ボリューム感があり、麺に絡むトマトソースが濃厚なので、これだけあればお腹も心も充分満たされる。冷めにくい鉄板で提供されるので、最後までアツアツで食べられるのも嬉しい。イメージは、さしずめご当地グルメ界の剛腕拳闘士だ。期せずして、美女と野獣のような組み合わせとなった。

大宮は鉄道の街として発展したため、駅周辺には鉄道マン行きつけの喫茶店が多い。そこで提供されるナポリタンが、いつしか大宮の名物として定着していった。大宮ナポリタンの定義は大宮ナポリタン会によって「さいたま市の旧大宮市域に店舗があり、埼玉県産の野菜を1種類以上使っていること」と定められている。そのほかは自由なので、ご当地グルメとして認知度が高まると、各店が挙ってオリジナリティあふれる大宮ナポリタンを考案、発売している。大宮横丁の大宮ナポカツも、オリジナル大宮ナポリタンのひとつだと言えそうだ。

体育会系の学生に喜ばれそうな、圧倒的なボリューム感の大宮ナポカツ

世界初にして世界唯一のどぶろく ～東京駅～

各方面への新幹線の起点となり、名実ともに日本を代表する駅である東京駅。しかし、意外にもその歴史は新しく、開業は１９１４年である。日本初の旅客営業鉄道が新橋（汐留）・横浜間で開業したのは１８７２年であり、東京駅は40年以上遅れての開業ということになる。現在の山手線の駅の中でも、6番目に新しい駅なのだ。現在の鉄道網のあり方から考えると、少し意外な感じがするのではないだろうか。

その東京駅は、ＪＲのホームが日本一多い駅である。在来線が9面18線、新幹線が5面10線。合わせて14面28線ものホームを有している。２０２８年には東京駅近くに高さ３８５ｍの超高層ビル「東京トーチタワー」が開業する予定であり、またひとつ日本一の称号が加わることになりそうだ。

駅酒場の世界では、東京駅には日本初どころか世界初となるユニークな店がある。酒類の販売店である「はせがわ酒店」が東京駅構内で日本酒醸造を行い、併設されたテイスティングバー「東京駅酒造場」で提供しているのである。

店があるのは、2020年にリニューアルされた在来線改札内のグランスタ東京地下1階「スクエア ゼロエリア」。丸の内地下中央改札と八重洲地下中央改札をまっすぐ結ぶコンコースに面した、人通りの多い場所だ。醸造設備のコンコース側はガラス張りになっており、製造工程をいつでも自由に見学することができる。

「はせがわ酒店」は、リニューアル前から駅構内で酒店とバーを営業していたが、リニューアルに合わせて酒造りも始めた。世界で唯一、駅ナカで造られた酒。それが日本の中心である東京駅にあるのだから、ぜひとも飲んでみたくなるではないか。

バーには椅子席と立ち飲み席があるが、私はカウンタースタイルの立ち飲み席に陣取った。席に着くと、店員からQRコードが印刷された紙切れを渡される。手持ちのスマートフォンでQRコードを読み取るとメニュー画面が開かれ、画面上で注文操作ができる仕組みだ。

私は、どちらかというとアナログな人間である。だから、このシステムには若干抵抗を覚えるところではある。「モバイル機器を使いこなせないと、酒も飲めないのか」と思ってしまう。カウンター越しに店員が立っているのだから、口頭でやり取りをすればいいではないか、その方が圧倒的に早いではないか、と憤慨してしまうのだ。しかし、これはコロナ禍でリニューアルオープンした店ならではの対応だと考えられる。店員と客が言葉を交わす機会を可能な限り減らし、感染拡大を阻止しようという狙いが見える。コロナ禍で

コンコース側は人通りが多いので、スクエアゼロエリアの内部から出入りするとスムーズだ

酒の瓶詰め機。瓶詰めの行程も駅ナカで行われ、ガラス越しに見学できる

は、酒類の提供を伴う飲食店での集団感染が頻繁に取沙汰された。対策を打たないわけにはいかないのだ。コロナ禍突入後には、各席に備え付けのタブレット端末での注文や、メニューのボタンを押すと自動的に厨房へオーダーが通る仕組みの券売機設置など、各方面の飲食店でＩＴの導入が進められている。コロナ前には「日本の飲食店はＩＴの導入が遅れている」と言われていたくらいだから、コロナ禍を経てようやく日本が世界に追いついたという見方もできるかもしれない。

注文したのは、「どぶろく生」。正真正銘、東京駅構内で造られた酒だ。つまみには、ワインらっきょうを選んだ。どぶろくはカルピスの原液のように白濁し、とろみがある。いかにも癖が強そうだと思いつつ飲んでみると、これが意外なほどあっさりしていて驚いた。アルコール度数が7%と低いので、「日本酒は好きだけどすぐに酔ってしまう」という人にはうってつけだ。

どぶろくは、米、麹、酵母、水を合わせて発酵させた「もろみ」そのものである。これを布などで濾して絞ると「にごり酒」と「酒粕」に分かれ、にごり酒から澱を取り除くと清酒になる。濾していないぶん、どぶろくには原材料となる米の味わいがしっかり残る。酒粕から作る甘酒に近いと言えば近いが、甘酒よりだいぶ上品だ。濾していないのだから、一般的などぶろくには米の粒感が残るもの。しかし、東京駅酒造場のどぶろくは、固形物が舌に触る食感はない。ミキサーにかけて、舌触りを滑らかにしているのだろう。甘酒より、韓国のマッコリを連想させる味

どぶろくは、口広で高さのないグラスで提供。ワインらっきょうは、酢酸の刺激を包み込むワインの香りが絶妙

わいだった。

日本の酒税法では、清酒（日本酒）を「もろみを濾したもの」と定義づけている。したがって、どぶろくは日本酒の製造工程の途中で製品化したものではあるが、税法上日本酒には分類されない。濾した後のにごり酒は、日本酒。製造過程や見た目は似ていても、異なる種別になる。

駅ナカの手狭なスペースで醸造しているので、大量生産はできない。東京駅酒造場の醸造タンクは、一般的な酒蔵のものの20分の1程度だという。製造ロットが小さくなると、どうしても販売単価は高くなってしまう。どぶろくは、90㎖で550円。テイスティングバーでは東京駅で造られた酒のほかにも各地の銘酒を多数用意しており、その中にはもっと安く飲める酒もある。しかし、東京駅酒造場のどぶろくは、生産量が少ないため東京駅の外に出回ることはない。駅ナカ酒店での販売と、テイスティングバーでの提供のみである。世界初にして、ここでしか飲めない一品なのだ。次回訪問するときにも、きっとまたどぶろくを選んでしまうだろう。季節限定のフルーツどぶろくもあるから、当分飽きる心配はなさそうだ。

懐かしの東京ご当地サワー「バイスサワー」〜品川駅〜

新型コロナの出口が見え始め、街にも活気が戻りつつある。各地の駅そばを取材しても、最近は「コロナ前の水準に戻った」という声がちらほらと聞こえ始めている。中には、コロナ前より客数が増え、「対応しきれなくて困っている」とこぼす店もあるほどだ。しかし、今回の舞台となる品川駅は、JR在来線の乗降者数がコロナ前の70％ほどにとどまっているという。

品川駅周辺は、西側の高輪口と東側の港南口とで、街の性格がまったく異なる。高輪口側は第一京浜に面していることもあり古くから市街地が発達し、高級ホテルなども多い。一方の港南口側は、開発が進められたのは1990年代以降である。従前はJRの貨物ターミナルや車両基地などがあったため改札と街との間に距離があり、埋立地でもあることから倉庫や工場などが建ち並ぶエリアだった。1990年代に入って、貨物ターミナルや新幹線車両基地の跡地が再開発されたことで、急速に発展。2003年には新幹線が開業し、大企業の高層オフィスビルが建ち並ぶ一大ビジネス街へ生まれ変わっていった。

港南口の開発に伴って、品川駅の利用者は急激に増加した。1990年とコロナ直前の2019年で比較すると、JR在来線の乗降人員数は約2倍に伸びている。新幹線を加えれば、伸び率はさらに高まる。港南口の発展が、品川駅の発展に大きく寄与したのである。

ところが、港南口側は大企業のオフィスが多いエリアである。これらの大企業では、コロナの蔓延に伴いテレワークの導入が進められた。このことにより、品川駅は通勤での乗降者が激減してしまったのである。大企業では、コロナ禍の出口が見え始めてもテレワークを継続していることが多いため、駅の利用者がなかなか戻ってこないのだ。港南口の発達とともに駅ナカの開発も進み、飲食をはじめとした店舗数もだいぶ増えた。これらの店舗にとって、コロナ禍からテレワーク定着という流れは、高いところへ登った途端に梯子を外されたような感覚に違いない。

このような状況でも、活気が戻っている店もある。そのひとつが、JR在来線の改札内で営業する駅酒場「ひおき」だ。店には出入口がふたつあり、片方は、テーブル席でゆったり過ごせるダイニングタイプの駅酒場。もう片方は、椅子のない立ち飲みスタイルの「スタンドひおき」だ。居酒屋メニューだけでなく定食類なども扱うので、様々なシーンで利用できると好評だ。客層は、サラリーマンからお年寄りまで幅広い。直近では、コロナ禍で激減していた外国人観光客も戻ってきているという。

「ひおき」と「スタンドひおき」とでは、メニューも値段も異なる。「ひおき」は、定食メニューと居酒屋メニュー。「スタンドひおき」は、昼は丼もの、夜は居酒屋メニューが中心となる。ホームやコンコースの駅そばと同じ事業者が手掛ける店だけに、「スタンドひおき」の丼ものは迅速提供が売りだ。店長の三枝正

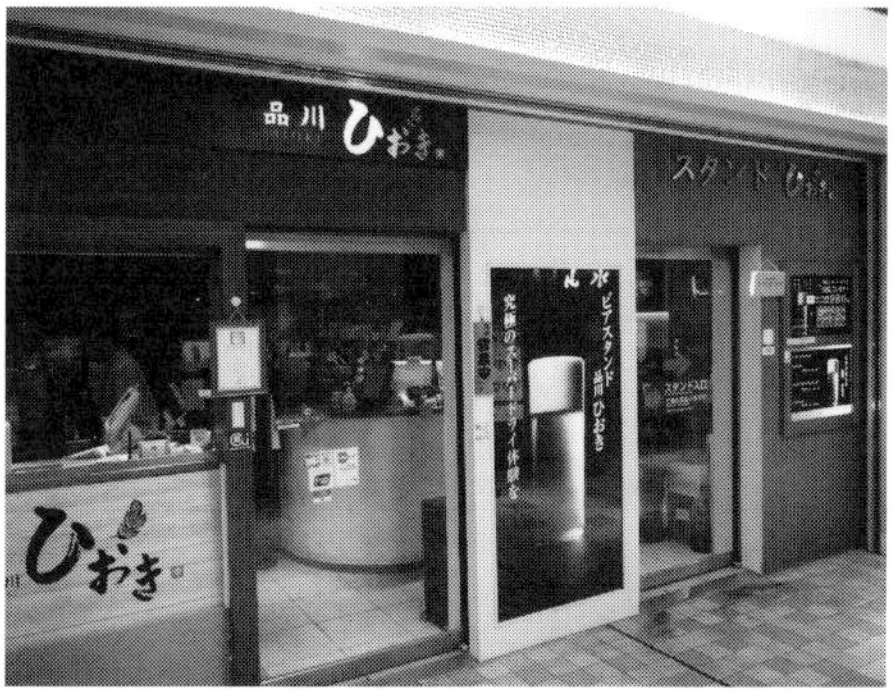

左が椅子のある「ひおき」の入口、右が立ち飲み「スタンドひおき」の入口

駅ナカであることを忘れてしまいそうな、ホッとひと息つける立ち飲み席

樹さんは

「ご注文をいただいてから20秒でお出しします」

と胸を張る。20秒では、駅そばの提供も難しいだろう。丼ものは麺を湯掻く工程がないぶん、駅そばより速く提供できるそうだ。

椅子がなく客の店内滞在時間が短いぶん、「スタンドひおき」は「ひおき」よりも割安な設定になっている。私はもちろん「スタンドひおき」派だ。

注文する酒は、入店前から決めていた。この店には、扱う店が少なく飲みたくてもなかなか飲めないサワーがあるのだ。

バイスサワー。

このワードを聞いて「あぁ、あれね」とピンとくる方は、きっと日常的に東京下町の大衆酒場や立ち飲み屋に入り浸っていることだろう。赤い色をした甘酸っぱい、東京のご当地サワーである。そして私が知る限り、昔ながらのリターナブル瓶で提供されるバイスサワーを駅ナカで飲めるのは、品川駅の「ひおき」と「スタンドひおき」だけだ。遠隔地の居酒屋などでは、濃縮原液を使って店側で割って出す場合もある。しかし、バイスサワーはナカ（焼酎）とリターナブル瓶のバイスサワーをセットで提供し、客が自由に濃さを調節できるようにするのが基本。その意味ではホッピーに近く、そのためメニュー名も「バイスサワーセット」となっている。選べる一品料理が付く「ほろよいセット」を注文する。料理は、「はんぺんのわさびマヨ焼き」を選択した（巻頭カラー写真参照）。

バイスサワーは、東京都大田区の飲料メーカーであるコダマ飲料が発売している焼酎の割り材。かつて、ビールやウイスキーは、庶民にはなかなか手が届かない高級品だった。そこで、廉価な焼酎をさまざまなフレーバーの飲料で割った代用酒が流行する。その走りは、１９４８年に発売されたホッピーである。新橋の飲み屋街から始まって、「ビールより安くてビールより美味い」と評判になり、首都圏を中心に普及が進んだ。

１９８０年代に入ると、東京都目黒区の飲料メーカーである博水社から「わ、る、な、ら、ハイサワー」のテレビＣＭでもお馴染みのハイサワーが発売される。カクテルをヒントに開発されたというレモンフレーバーの焼酎割飲料は当時としては珍しく、大ヒットを記録した。焼酎割飲料の主役の座を奪われたホッピーは、それから10年以上にわたり低迷期を迎えることになる。

ハイサワーのヒットを受けて誕生したのが、コダマサワーである。当初はハイサワーと同様にレモンフレーバーの割り材を発売していたが、１９８３年から青リンゴや梅など柑橘系以外のフレーバーを次々と開発。そして１９８４年に、シソとリンゴを混ぜた新しいフレーバーのバイスサワーが発売されるのである。

バイスという名の由来については、その風味から「梅酢」だとする説や、代理を意味する英単語「ｖｉｃｅ」とする説、１９５０年代に発売されたウイスキー代用酒向けの割り材「ホイス」の流れを汲むとする説などがあるが、詳しいことは明らかにされていない。

私自身、バイスサワーを飲むのは約20年ぶりである。フレーバー自体もどこか懐かしさを感じさせるものだから、なおのこと若かかりし日々が色鮮やかに思い出された。得意げに「奢ってやる」と言う先輩に尻尾を振ってついて行ったら、四畳半ほどのフロアに10人以上の客がひしめく古臭い立ち飲み屋。作り置きのハムエッグで、バイスサワーを飲んだ。当時の私は「飲み始めたら、終わりは早くても終電」というタイプだったので、立ち飲み屋で軽く一杯ひっかける魅力がまだ理解できていなかった。

三枝さんに勧められて選んだはんぺんのわさびマヨ焼きも、初めて食べるものなのになんだか懐かしさを覚える味わいで、美味しかった。ワサビもマヨネーズも強すぎず、ほどよい塩梅。ほんのり漂う焦げの香ば

店長の三枝さんは、「飲んだ後の“締め飲み”にも最適な店です」と笑顔で話す

しさも、とめどなく酒を誘う。

2回戦は、「シビ辛よだれどり」を肴に、これまた珍しいポン酢サワーをいただいた。麻辣を利かせたよだれどりは、はんぺんとは打って変わって主張の強い一品料理。本格的な中華の味わいだなと思っていたら、店には台湾出身のスタッフが在籍しているそうだ。専用グラスで提供されるポン酢サワーは、思っていたほどポン酢の酸味が強くなく、レモンサワーにほんのりと鼻にのぼる酢酸の刺激を加えたような、爽快な味わいだった。じっくり味わいたかったのだが、よだれどりの辛みと旨みに促されて、あっという間に飲み干してしまった。1回戦と2回戦の順序は、逆の方がよかっただろうか。

バイスサワーは、ほぼ東京近郊でしか飲めないものだ。ホイスも同様である。ホッピーも、全国に流通してはいるが、首都圏のシェアが圧倒的に多く、東京の〝ご当地焼酎割〟のひとつと言えるかもしれない。大宮駅「大宮横丁」にも柚子を使ったご当地サワーがあったことだし、各地にご当地サワーやご当地ハイボールなどが存在するのだろうか。どうやら、この先の駅酒場探訪の楽しみが、またひとつ広がったようだ。

ポン酢サワーの専用グラスは、ポン酢メーカー「ミツカン」公認の証

可能性は無限大。ヱビスとヱビスを半々で ~恵比寿駅~

山手線の駅から1軒、ビアバーを紹介したい。そう考えてビールをメインに提供する駅酒場を探してみると、結構たくさんあることに気づく。有名なのは、ギネスビールを飲める新宿駅「ベルク」だろう。また、新宿駅には2023年6月にクラフトビールとアジア料理を提供する「レッドドット」もオープンしている。東京駅もビアバーの宝庫で、先に紹介した「東京駅酒造場」と同じエリアに「Tokyo Station

Ｂｅｅｒ　Ｓｔａｎｄ」があるほか、八重洲北口の地下には「ＹＥＢＩＳＵ　ＢＡＲ」、丸の内北口と八重洲中央口にそれぞれ「常陸野ブルーイング」が揃う。

そんな中、今回私がスポットを当てるのは、恵比寿駅の改札内コンコースに店を構える「ＴＡＰＳ　ＢＹ　ＹＥＢＩＳＵ」だ。なぜこの店を選抜したのか。それは、恵比寿駅でヱビスビールを飲めるからだ。

恵比寿駅の南に広がる、恵比寿ガーデンプレイス。この場所には、１８８７年から１９８８年まで、ヱビスビールの工場があった。工場から山手線へ引込線が敷かれ、１９０１年にビール出荷用の貨物駅が開業する。ヱビスビールの出荷のための駅なので、駅名は恵比寿。これが後に旅客を扱うようになり、現在の恵比寿駅へ発展していくのである。したがって、恵比寿駅でヱビスビールを飲むことは、単なる語呂合わせではなく、深い意義があることなのだ。

店のオープン直後に、東口改札には期間限定で「ヱビスビール口」の愛称が付された

私にとって恵比寿駅でヱビスビールを飲む場所といえば、かつては駅そばの「そばいち」だった。揚げたてのちくわ天を肴に飲む小瓶のヱビス。これはこれで楽しかったものだ。そこに、新たな選択肢として登場したのが、２０２２年９月にオープンした「ＴＡＰＳ　ＢＹ　ＹＥＢＩＳＵ」というわけだ。立地的にも、改札内コンコースのメイン通路を挟んで、ほぼ真向い。東口改札から入って、右を向けば「そばいち」、左を向けば「ＴＡＰＳ　ＢＹ　ＹＥＢＩＳＵ」という位置関係だ。

店内は、照明を少し落としたムーディーな雰囲気。客席は、入口近くにハイチェアーの横並び席、奥に対面着座が可能なテーブル席という配置になっている。ひとり客はハイチェアー、グループ客はテーブルへというのか自然な流れだ。そして驚くべきことに、奥のテーブル席にはスーツ姿の男性グループが陣取り、手前のハイチェアー席はほとんど女性客で埋まっていた。

店内滞在時間も、男性の方が長い。男性は談笑を楽しみながら腰を据えて飲み、女性はフードメニューには目もくれず、生ビールをキュッと1杯だけ流し込んで5分か10分で出て行く。これは、駅そばの世界とは真逆であるように感じる。駅そばの場合には、店内滞在時間は男性の方が短いものである。かつては、滞在時間の長い女性客が寄りつかないよう、あえて椅子を置かない駅そばも多かった。回転数が勝負となる昼の書き入れ時に女性客が入るとがっかりするという話も、各地の取材で実際に聞かれた。

ただ、よく考えてみれば、駅そばも駅酒場も、近年になって女性ひとり客の需要を掘り起こしたという点では共通しているように思う。駅そばは、ライバル店が増えて男性だけでは充分な客数を確保できなくなり、綺麗に改装して椅子を置き、女性客の招致に成功している。一方の駅酒場は、ムーディーなビアバーを開業することで横丁風の駅酒場には縁がなかった女性ひとり客を取り込むことに成功。どちらも、女性ひとり客という新たな顧客層を重要なターゲットと見ているのではないだろうか。

つまみは、マサラポテトサラダ。恵比寿駅近くの有名ネパール料理店とのコラボメニューだ

それでは、私も1杯いただこう。この店で提供するヱビスビールは、5種類。ベーシックなヱビスビール、ヱビスプレミアムブラック、ヱビスマイスター、琥珀ヱビスプレミアムアンバーの4種はレギュラーメニューで、この他に期間限定提供のヱビスビールが1種。私が訪れた日には、ヱビスプレミアムエールが期間限定提供となっていた。すべて、タワーサーバーから注ぐ生ビールだ。

だが、ヱビスビールのメニューはこれだけではない。5種のヱビスビールのうち任意の2種類を半分ずつ注ぐ「ビアブレンド」をオーダーすることもできるのだ。ブレンドの組み合わせは、単純計算すると10通り。だがこのうちの期間限定ヱビスは次々に入れ替わるので、可能性は無限大に広がる。これは楽しい趣向だ。ならば、私もぜひブレンドを試してみよう。選んだのは、メニュー表に一例として記載されていたプレミアムブラックと琥珀ヱビスプレミアムアンバーの組み合わせだ。

ヱビスビールは、サッポロビールが手掛ける麦芽100%のプレミアムビールブランドである。副原料は一切使わず、専用酵母と長期熟成によりバランス感のよいコクと香りを生み出す。発売から100年以上、2000年過ぎまでは単一商品でプレミアムビール界の先頭を独走してきたが、サントリーが発売した「ザ・プレミアム・モルツ」の大ヒットにより危機感を募らせ、その後複数の商品を開発・発売するようになった。

プレミアムブラックは、原材料の一部に炭焼きした麦芽を用いることで黒ビールに仕立て、香ばしさとコクの深さを極めたヱビスビールだ。琥珀ヱビスプレミアムアンバーは、160度以上の超高温で焙煎したクリスタル麦芽を一部使用した、その名のとおり琥珀色のヱビスビールである。特徴は、香ばしさと深みのある味わい。

こうして分析してみると、ビールの色の違いは、麦芽の焙煎方法の違いに由来しているものだということが分かる。80度程度で焙煎した淡色麦芽を使うと、金色のビールになる。これに、100度以上の高温で焙煎した濃色麦芽を加えることで、褐色や黒色のビールになる。つまり、私は濃色麦芽のヱビスビール同士を掛け合わせたことになる。飲んでみて「黒ビールの味わいだ」と感じたのも当たり前だ。プレミアムブラックも琥珀ヱビスプレミアムアンバーも、香ばしさとコクを強めた濃色麦芽のヱビスビールなのだから。

今度来るときには、淡色麦芽のベーシックなヱビスビールか、より香り高いホップを使用しているヱビスマイスターを濃色麦芽のヱビスに合わせてみようか。あるいは、上面発酵のプレミアムエールと下面発酵の各種ヱビスビールを合わせてみるのも一興か。この先もまだまだ、私を楽しませてくれそうだ。

マンモス駅の隠れ家で、シングルモルトの香りを楽しむ ～上野駅～

山手線からもうひと駅、上野駅の駅酒場を取り上げたい。上野駅は、東京の北の玄関口として発展し、かつては長距離列車の乗降客でごった返すイメージが強かった。1977年に発売された石川さゆりさんのヒット曲『津軽海峡冬景色』で、歌詞の冒頭に登場する上野駅。そっくりそのままのイメージだ。「上野発」というフレーズは、歌い出しに配置されたからこそ青森までの長い旅路の光景が頭の中で自然醸成される。もし、歌い出しの歌詞が「夜行列車は上野発で～」とか「青森駅に到着した上野発の～」といったものだったなら、この情感は得られなかったに違いない。「上野発」の３文字を歌詞の冒頭に配置するだけで自然と旅情が湧いてくるほどに、当時の上野駅には〝旅の始まり〟のイメージが強かったのだ。

しかしその後、在来特急は次々と姿を消し、夜行列車も廃止され、普通列車も区間運転となり、上野駅から旅情がどんどん失われていった。近年では、東北本線や高崎線、常磐線の列車が上野東京ラインへ直通するようになり、始発駅のイメージも薄れてしまった。

しかし駅ナカに目を向けると、旅の始まりを予感させるようなムードのよい駅酒場「ＨＩＧＨＢＡＬＬＳ うえのステーション」が、２０１４年にオープンしている。この店も、特に女性に喜ばれそうなお洒落でムーディーな店舗。実際、私が訪問した時に居合わせた客も、半分くらいが女性で、ひとりで飲みに来ている女性も見られた。恵比寿駅「ＴＡＰＳ ＢＹ ＹＥＢＩＳＵ」とは提供する酒の種類が異なるとはいえ、コンセプトは近似していると言える。

これだけ引いて撮影しても、通行人がひとりも写り込まない。まさに隠れ家的立地

ただひとつだけ、決定的に異なる部分がある。それは、店舗前の流動人口だ。「ＴＡＰＳ ＢＹ ＹＥＢＩＳＵ」は駅利用者のメイン動線に面した、常に多くの人々が行き交う場所にあった。いっぽう、「ＨＩＧＨＢＡＬＬＳ うえのステーション」は、

「上野駅の改札内にこれほど静かな場所があったのか⁉」

と驚いてしまうほど、通行人が少ない場所にあるのだ。２０１０年から２０２０年にかけて段階的に整備されたエキュート上野の、北側の端。ホームへ下りる階段のすぐ脇なのに、ここを歩く人の数はとても少ない

のだ。上野駅改札内のメイン動線は、中央改札から各ホームへ通じる南側コンコース。北側はそもそも流動人口が少ない。エキュート上野の開業によってだいぶ増えたけれど、まだまだ〝南高北低〟である。北側コンコースの中でも北の端っこであるこの場所は、実に閑散としている。だから、マンモス駅の改札内なのに、隠れ家のようなしっとりした郷愁に満ちているのである。

奥行きがないため間口が広いわりに手狭な店内は、ハイチェアーのカウンター席が中心。厨房内の棚には、国内外のウイスキーボトルがたくさん並ぶ。この店はハイボールに特化した駅酒場で、角ハイボールやジムビームハイボールといったお馴染みのものから、国産ウイスキーを使った白州ハイボールや響ハイボールまで幅広く揃えている。手狭な店にしてはフードメニューも充実しており、ランチタイムには軽食目的で利用する人も多い。

まずは駆けつけ一杯。すぐに提供されそうな鴨とオリーブのマリネをつまみに、角ハイボールをいただく。ハイボールに特化しているだけあって、廉価な角ハイボールにもこだわりが感じられる。ジョッキを冷やしてあるのは当然として、ウイスキーを割るのはゼウスタワーから注ぐ強炭酸水。そして、仕上げにレモンをひと切れ乗せ、爽やかな香りを添える。角ハイボールをこれだけ丁寧に仕上げる店は、駅ナカにはあまりないかもしれない。

せっかく国産ウイスキーを多数揃えているのだから、2回戦は国産ウイスキーのハイボールにしよう。とはいえ、一番高い響ハイボールは、１２００円。これはさすがに手が出ないので、ワンランク安い設定の白州ハイボールを選択した。それでも、９９０円。駅ナカでのちょい飲みとしては、かなりの高級品だ。

専用グラスで提供される、白州ハイボール（巻頭カラー写真参照）。これはシングルモルトウイスキーそのものの風味を楽しみたい一杯なの

棚に並ぶウイスキーの数々。国産ウイスキーは、すべて専用グラスで提供される

マリネのオリーブオイルが、ハイボールとベストマッチ。ハイボールには、油がよく合う

で、レモンのトッピングはない。ひと口含んでみると、なんともやさしく清々しい味わいが駆け巡る。私はこれまで、ウイスキーはあまり得意ではなかった。その最たる要因は、もわっと膨張して胸焼けを誘う、独特な匂いだ。しかし、白州にはそれがなく、とても爽やかで飲みやすい。飲み方がロックではなくハイボールだからという点を加味しても、癖がなく初心者でも美味しく飲めるウイスキーだと思う。

　日本では、大麦麦芽のみを原料に使用し単式蒸留器で2回蒸留したウイスキーをモルトウイスキーと呼ぶ。この他には、大麦麦芽と小麦やトウモロコシなどの穀類を原料に連続式蒸留器で造られたグレーンウイスキー、モルトウイスキーとグレーンウイスキーを瓶詰め前に混合したブレンデッドウイスキーなどがある。

　モルトウイスキーの中でも、単一の蒸留所で造られたウイスキーをシングルモルトウイスキーと呼ぶ。気候や水、製法などにおいて蒸留所の個性やこだわりがストレートに表現される特徴を持つ。これに対して、複数の蒸留所で造られたウイスキーをブレンドしたものは、ブレンデッドモルトウイスキーという。ただし、この呼称はブレンデッドウイスキーと混同しやすいためか日本ではあまり普及しておらず、ピュアモルトウイスキーと呼ばれることが多い。複数の蒸留所のモルトウイスキーを混合したものがピュア（＝純粋）となるのも、いささか腑に落ちない話ではある。この場合の〝ピュア〟は、ブレンデッドウイスキーが広く普及する中で、「大麦麦芽１００％ですよ」という意味で名づけられたものだ。だから、本来ならシングルモルトウイスキーもピュアモルトウイスキーに含まれるはずである。しかし、シングルモルトウイスキーをわざわざピュアモルトウイスキーと呼ぶことはなく、ピュアモルトウイスキーの定義はやや曖昧なものとなっている。

　さて、ハイボールを2杯飲んでほどよく酔いが回ったところで、そろそろ旅を始めるとしようか。山手線で池袋までの、小さな旅。旅であるか否かは、本人が旅だと自覚するか否かの違いである。私にとっては、いつもと違う酒を飲んで乗れば、山手線だって旅になる。それが〝上野発〟なら、なおさらだ。

ビール1杯で潔く出られる駅酒場 〜立川駅〜

八王子市内の大学を卒業した私にとって、中央線は多くの想い出がある路線だ。高校が自転車通学だったものだから、大学に入って初めて日常的に電車に乗るようになった。初めて手にする、途中下車ができる通学定期券。吉祥寺から豊田までの11駅で、用事もないのに下車してはぶらぶら探訪し、駅そばを見つけたら食べる。学校帰りに、そんなことを楽しんでいた。

中でも印象深かったのが、立川駅だ。4面あるホームのすべてに島式の駅そばがあり、おでん種をトッピングしたおでんそばが人気になっている。もっとも、当時の私が食べたのは、もっぱらたぬきそばであるが。そばを啜りながら、列車や足早に行き交う人々を窓越しに眺めたものだ。

当時の中央線は、まだオレンジ色に全面塗装された国鉄の201系電車が走っていた。私も、日々このオレンジ色の電車に乗っていた。だから、立川駅ホームの駅そばから窓越しに眺めるのも、たいていオレンジ色にベタ塗装された中央線快速だった。

ところが、まれに立川始発の115系中距離電車が停車していることがあった。深いブルーの中央に、クリーム色のライン。オレンジ色の電車は高尾止まりだが、ブルーの電車は甲府や松本まで直通する。このブルーの電車に乗れば、それはすなわち旅の始まりを意味する。まだ見ぬ車窓風景を思い浮かべながら、そばを啜ったものだ。だから、私にとっ

明るく清潔感のある店舗。店内には熱気がむんむんと立ち込めている

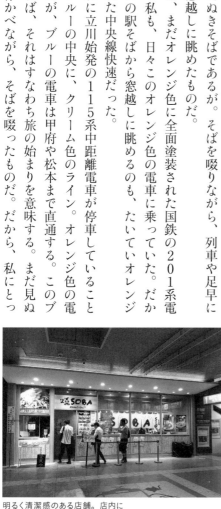

て立川は、上野と同じくらい色濃く旅の始まりを予感させる駅なのである。

そんな立川駅の改札内コンコースには、２０２２年12月に大阪風焼きそばを提供する「焼ＳＯＢＡ Ｏｓａｋａきっちん。」がオープンした。運営会社は都内にお好み焼き店を数店舗展開しており、銀座の本店はミシュランガイドにも掲載されたことがある名店だ。駅ナカ店舗は、ここエキュート立川店が初。焼きそばを中心とした業態の店舗も、初出店だ。

ちなみに、以前に同じ場所にあったのは、牛すじとコンニャクを甘辛く炒めた神戸のソウルフード「ぼっかけ」を使った料理を提供する「長田本庄軒」だった。どういうわけか、この場所には関西テイストの飲食店が入る。運営会社が同じなら業態変更ということで腑に落ちるのだけれど、運営会社も変わっているのだ。

酒のつまみに好適な焼きそばを扱うのだから、当然アルコールの提供もある。ビールと料理のセットメニューも、2種用意されている。ちょうど１０００円という、つい財布のひもが緩んでしまう価格設定だ。料理は、ハーフ焼きそばか、とんぺい焼き。看板メニューは焼きそばだけれど、とんぺい焼きも大阪のソウルフードで気になる存在。焼きそばは第1章で一度登場していることだし、ここではとんぺい焼きのセットをいただくことにしよう。

客席は、カウンター席のみ。厨房内にはとても長い鉄板が設置され、3人の調理スタッフが横に並んで、次々と焼きそばを炒めていく。こういった調理風景をカウンター越しに眺められると、自然に気分が高揚してくる。

とんぺい焼きはシンプルな料理だから、調理が速い。ビールが提供されてからほどなく、とんぺい焼きも出来あがった。とんぺい焼きが生まれたのは戦後間もない頃の大阪で、第二次世界大戦で出征したシベリアの地で現地の人々が食べていた料理を参考に考案されたという。その後

スティック状のとんぺい焼きには初めて出合った。半月形や紡錘形に仕上げる店が多い

大阪のお好み焼き店や居酒屋などに普及し、それぞれの店でアレンジされていったため、店ごとに仕様がまちまちである。一般的には、鉄板で溶き玉子を焼き、豚肉を包むことが多い。そのため、漢字で「豚平焼き」と表記されることもある。大阪ではお好み焼きなどの〝粉もん〟の一種に含めることが多いが、小麦粉などは一切使わないオムレツに似た料理を提供する店もある。

「焼SOBA Osakaきっちん。」のとんぺい焼きは、溶き玉子に小麦粉を混ぜて生地を作っているようで、外はモチモチ、中はとろりとした半熟食感に仕上げていた。上からかける甘めのソースも酒を誘い、生ビールはあっという間に飲み干してしまった。思っていたよりもボリューミーだったこともあり、ビールはもう1杯欲しかった。ただ、この店での注文は出入口脇のレジで入店時に行い、その場で精算する方式になっている。精算レジには行列ができることもあり、後からの追加注文はちょっと面倒だ。だから私は残ったとんぺい焼きを平らげ、潔く店を出ることにしたのだった。追加注文が容易にできると、ついつい尻に根が生えてしまうもの。最初から「1杯だけ軽く飲もう」と心に決めているのなら、誘惑を断ち切れるのでむしろありがたいとも言えるだろう。

飲める駅そばは、乗換駅の強い味方 ～曳舟駅～

「東京の駅そばは、酒が飲めない」

　地方出身者や地方から東京を訪れる人の中には、そう不満に思った経験がある人も多いかもしれない。東京を中心とした首都圏の駅そばでは、地方の駅そばに比べて酒類を扱うことが少ない。とりわけ椅子のない店では、酒類はほとんど扱わない。椅子を置いている店でも、申し訳程度に缶ビールを置いているだけでつまみは一切用意していないパターンが目立つ。セルフ形式のおでんを扱うこともあり、何かしら酒類を提供していることが多い地方（特に西日本）の駅そばとは少々性格が異なっているのは確かだ。

　ここには、絶対客数の問題がある。首都圏の駅そばは、とにかく客数が多い。人気店と呼ばれる店では1

日あたりの客数が1000人を超え、マンモス駅の乗り換えルート上にある店などでは2000人を超えることもある。客席の回転効率を上げなければ、これほどの客数をさばくことはできない。客ひとりあたりの店内滞在時間を短くする工夫が必要となり、酒類は扱いにくいのだ。酒類どころか、ご飯ものやセットメニューでさえ扱いにくい。椅子を置くなどもってのほかだ。かつては、回転効率を上げるために意図的につゆの温度を少しぬるくする店もあったと言われるほどなのだ。

しかし、近年では駅ナカ開発に伴うライバル店の台頭や列車の直通乗り入れ運転に伴う乗り換え機会の減少などを受け、国鉄末期頃のピークに比べると客数は伸び悩み、ひたすら回転効率を上げるだけの運営手法では経営が成り立たなくなってきている。そこで、店内を綺麗に改装して椅子を置き、高齢者や女性といった新たな顧客層の掘り起こしを目論む店、ご飯ものとのセットメニューを前面に押し出して客単価の向上に取り組む店、酒類を提供することで夕方以降のアイドルタイムの客数を伸ばそうと試みる店などが増えてきている。一部の超人気店を除けば、東京でも酒を飲める駅そばは増えてきているのだ。

生そばを茹でたてで提供する。そばも美味いと評判の店だ

東武スカイツリーラインと亀戸線が接続する曳舟駅の改札内には、コロナ禍の2020年に「にゅー曳舟そば」がオープンした。ここも、酒類の提供に力が入っている店のひとつだ。亀戸線は、スカイツリーラインへの直通運転を行っていない。このため、当駅で相互に乗り換える人が多く、列車の到着後にはコンコースがたいへん混雑する。また、徒歩圏内に京成曳舟駅があることから、東武と京成を相互に乗り換える人も多い。改札内のコンコースに駅そばがあれば、通勤通学の途中に立ち寄る客が多いと想像できる。書き入れ時は、ランチタイムより朝と夜だ。

そこで、この店では朝にはモーニングメニューを用意し、夜の帰宅時間帯向けには生ビール、日本酒、ハイボールと酒類のラインナップを揃えている。そばのトッピングとは別に鶏唐揚げも用意し、気軽にちょい飲みを楽しめるように工夫しているのだ。鶏唐揚げで飲むなら、ハイボールか。サントリーのテレビCMの影響もあり、なかば無意識のうちにハイボールと鶏唐揚げの食券を購入していた。

揚げたてでアツアツの鶏唐揚げは、モモ肉使用でとてもジューシー。なぜかキリン一番搾りのジョッキで提供されたハイボールとの相性は、疑うまでもない。苦味が先を走るビールとは違い、まろやかさが先に立つハイボールは、鶏唐揚げの旨みとしっとり調和する。例えるなら、ビールと鶏唐揚げの組み合わせは、総攻撃による攻城作戦。ハイボールと鶏唐揚げの組み合わせは、無血開城だ。そのときの気分で、使い分けるのがいいだろう。

ちょうど亀戸線の列車が到着したところなのか、窓の外には、同じ方向へ足早に歩く人たち。そのうちの何人かが、まるでよどみに流れ込んだ川の水のように、人々の荒波から外れて店に入ってくる。私は、もう少し時間をかけて味わい、波がおさまるのを待つことにしよう。

鶏唐揚げは、クリスピータイプ。カリッとした衣が食感にアクセントを加える

高級な街の駅ナカで飲む、385円のスパークリングワイン ～表参道駅～

若い頃には、地下鉄の駅で酒を飲むなんて、考えもしなかった。駅ナカと言える場所で飲めるのは、銀座線浅草駅と直結している浅草地下街か、地上（高架）を走行する東西線の西葛西以東くらいだ。かつては丸の内線新宿駅に直結したメトロ食堂街もあったが、再開発に伴い2022年5月にすべての店舗が閉店している。

そもそも、帝都高速度交通営団という名称がよくなかった。この名称から、駅ナカで軽く一杯ひっかけるイメージは湧かない。湧いてくるのは、駅構内で飲酒しようものなら警棒を持った憲兵が飛んでくるイメージばかりだ。

帝都高速度交通営団は2004年に民営化され、東京地下鉄（東京メトロ）になった。これを皮切りに、池袋、上野、銀座、東京、永田町、表参道といった主要駅の駅ナカ開発が始まった。自由に駅ナカを開発できるようになったのは、民営化が功を奏した部分だろう。地域格差が広まった旧国鉄民営化は手放しに成功だったとは言えない気もするが、路線長の短い都市鉄道は民営の方がうまく回ると思う。民営化された東京メトロと公営のまま存続している都営地下鉄とのイメージ格差は広がる一方で、「東京メトロ＝明るくてお洒落、都営地下鉄＝薄暗くて古臭い」という固定観念を持っている人も少なくないだろう。都営地下鉄も、東京メトロと統合するなり独自に民営化するなり、可及的速やかに手を打った方がよさそうだ。

今回は、2005年に表参道駅に開業したエチカ表参道を取り上げてみたい。エチカ表参道は、改札の内外にまたがる形で整備された駅ナカモールだ。このうち改札内の店舗は、コンビニエンスストアや化粧品店といった物販店。飲食店があるのは、改札外。特筆すべきなのは、マルシェ・ドゥ・メトロと名付けられた区画の奥側にフードコートを擁していることだ。地下鉄駅構内のフードコートは、たいへん珍しい。

フロア中央に客席があり、それをぐるりと半円形に取り囲むようにして、5つの店舗が並んでいる。端から、グリル料理の「表参道グリル」、バナナジュース専門店の「クレープリーカフェ シュクレ」、カジュアルフレンチの「ビストロリヨン」、サラダ専門店の「トスサラダ」、そしてベトナム料理の「ベトナミーズ・シクロ」。

限られたフロアスペースにひとつでも多くの座席を配置しようという狙いがあったのか、若干席間が狭く窮屈な印象を受ける。混雑も激しく、

フードコート全景。食器の返却所はなく、
片付け専門のスタッフが配置されている

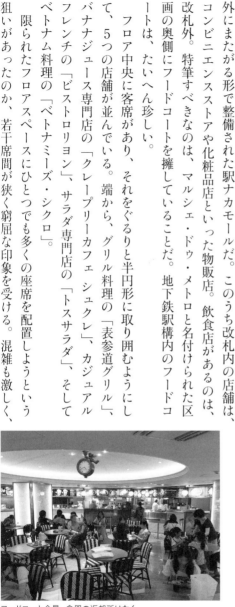

昼下がりの中途半端な時間帯でも席は8割がた埋まっていた。高級感漂う表参道の街らしからぬ、あまりゆとりのない空間だ。それでも、弧を描いて配置された店舗ブースや、客席と店舗の間に円柱を立てているあたり、どことなく西洋の建築を思わせるムードが漂う。フランス南部のマルセイユかニースあたりのイメージだろうか。もっとも、私はフランスへ渡ったことはないのだが。

この中で酒類の提供があるのは、「表参道グリル」と「ビストロリヨン」、そして「ベトナミーズ・シクロ」の3店舗。各国料理まで手を広げるととても本書では語り尽くせなくなるので、表参道グリルで「チキンとマッシュルームのマカロニチーズグラタン」をいただくことにしよう。この店では、各料理に１６５円追加でソフトドリンク、３８５円追加でワインをセットにできる。ワインは、第1章の高畠駅ですでに登場している。この先、山梨や長野といった国産ワインのメッカで飲む機会もあるだろう。そこで、ここでは少し目先を変えてスパークリングワインを飲んでみることにした。

不安定なシャンパングラスは、本来
盆にのせて持ち歩くものではない

背が高く不安定なシャンパングラスでの提供だったので、グラタンと一緒にトレーにのせて自席まで運ぶのはひと苦労だった。よくよく考えてみれば、スパークリングワインとシャンパンはほぼ同義。スパークリングワインのうち、フランスのシャンパーニュ地方で一定の条件下で造られたものをシャンパンと呼ぶ。だから、シャンパングラスでの提供はごく自然なことだ。しかし、ここは客が自ら席まで運ばなければならないフードコートだということを忘れてはならない。しかも、席間が狭くて混雑が激しいフードコートである。この場合、シャンパングラスにこだわる必要はなかったのではないかと思う。あるいは、料理とセットで注文したのが間違いだったかもしれない。単品での注文ならグラスの柄を持って運べるので、運動会の障害物競走のような思いをせずに済んだだろう。次回訪問時、あるいは類似店訪問時の教訓にしよう。そのスパークリングワインは、提供時にボトル（銘柄）を見せてくれなかった点は不満だが、背骨の通った酸味とき め細かい炭酸のコンビネーションで、味覚的には悪くなかった。385円（単品注文の場合は429円）で飲めるスパークリングワインとしては上々だ。

各店とも厨房スペースは手狭なため、料理は簡易的である。表参道の高級なイメージからは、だいぶ外れると言っていいかもしれない。しかし、リーズナブルな価格帯で表参道ランチを楽しめるという点では、一定の意義がありそうだ。周囲を見渡すと、学生と思しき若い女性の姿がかなり目立った。彼女たちが友人同士で気軽にランチを楽しめる店は、これまで表参道にはあまりなかったのかもしれない。

銀座、六本木、赤坂、麻布。かつて高級と謳われた街には、時代の変遷とともに廉価なファストフードチェーンなどが増え、高級なイメージはどんどん薄れてきている。高級な街が、次々と〝俗化〟していると言える。そんな中でも、表参道や青山の界隈は、いまだに高級感が根強く残っていると私は感じていた。駅ナカの開発によって、この街も俗化していくことになるのだろうか。あるいは、〝俗化需要〟を駅ナカが一手に引き受けることで、街は高級であり続けるのかもしれない。

トレインビューは、駅酒場の最大特典 ～川崎駅～

窓越しに列車の走行シーンを眺められる、トレインビュー。これぱかりは、街なかの居酒屋にはなかなか実現できない部分だろう。駅酒場ならではの魅力、駅酒場の最大特典と言っても過言ではない。トレインビューを楽しめる駅酒場は決して多くはないけれど、珍しいからこそその価値が高まるものだ。

首都圏でトレインビューを気軽に楽しめる駅酒場を望むなら、川崎駅「そばじ」が筆頭候補になるのではないだろうか。窓際の長い横並び席に陣取れば、駅を発着する京浜東北線の列車を眼下に眺めることができる。特に、窓に向かって右側の席がオススメだ。なぜなら、線路のほぼ真上の位置関係になり、足元から列車が滑り出て行くような構図でトレインビューを楽しめるからだ。

飾り気のないシンプルな外観。高級感も漂うが、価格はリーズナブルだ

駅そばより高級、手打ちそばより簡易的。「そばじ」は、駅そばと手打ちそばの中間スタンスの駅ナカそば店だ。香りと食感のバランスが良い二八そばを、注文を受けてから製麺し、茹であげる。テーブルオーダーで、配膳もしてくれる。席の配置もゆったりしており、ひとりでの利用はもちろん、テーブル席もあるのでカップルや家族での利用にも向く。それでいて、迅速提供で価格はリーズナブル。酒類や一品料理のラインナップも豊富だ。客層や利用シーンを選ばない、オールタイム型の店である。

私は、そばには日本酒を合わせることが多い。しかし、この組み合わせは第1章ですでに2回登場しており、あまりワンパターンになるのも面白くない。そこで、ここではそば焼酎を飲んでみることにした。銘柄は、「玄庵」。アサヒビールの子会社であるニッカウヰスキーが手掛ける商品だ。そば焼酎は飲み口が軽く味わいに癖がないので、少し風味を強める狙いでそば湯割りにする。そば店ならではの飲み方だ。

合わせるつまみは、そば店らしいメニューの「たぬき冷奴」と、神奈川ならではの「鈴廣のかまぼこ」でまとめた。もちろん、締めにせいろそばもいただく。

この店のそばは押出式製麺機で製麺しているので、打ち粉を使わない。したがって、そば湯はとろみのないサラサラしたものになる。それでもそばの香りはふわっとやさしく口の中に広がり、鼻腔への侵入もうかがう。評判通りに癖がなく、口当たりも軽やかでとても飲みやすい焼酎だっただけに、そば湯の香りを足したのは正解だったようだ。

そば焼酎の歴史は、意外に新しい。初めて商品化されたのはテレビCMのフレーズが耳に残る宮崎県の「雲海」で、私と同じ1973年生まれだ。そばの名産地ではなく、焼酎の名産地で生まれたわけだ。その後、そばの栽培が盛んな長野県や北海道でも製造されるようになったほか、焼酎の製造が盛んな九州でも広まっていく。ニッカウヰスキーは、福岡県内の工場で「玄庵」を製造している。

たぬき冷奴は、冷奴に天かすを散らした一品。花カツオと山盛りのネギ、おろし生姜も添えられ、香りと食感が奏でるシンフォニーが楽しい。そして鈴廣のかまぼこは、厚切りで提供されたのが嬉しかった。白身魚の旨み・甘みが濃厚で、添えられた大葉やワサビが邪魔に感じるくらい味わいが豊かだった。締めのせいろそばも、太打ちで噛みごたえがあり、食後にしっかり満足できるものだった。

眼下を走るのが便の多い京浜東北線なので、飲み始めてからせいろそばを食べ終えるまでに7~8本の列車が川崎駅を発着した。頻繁に眺められ、シャッターチャンスもたびたび訪れる。ただ、私の場合は、飲み食いに夢中になるあまり、列車の入線に気づいたときには遅かりし。カメラの用意が間に合わないことが多かった。しっかり味わうことを優先すべきか、絵になる写真を撮ることを優先すべきか。悩ましいところではある。

外が暗くなると窓に店内の様子が映ってしまうので、トレインビューの写真を撮るなら日中がオススメ

昼は駅そば、夜は缶詰酒場の二毛作店 ~黄金町駅~

本章の最後に、もうひとつ駅そばでのちょい飲みの話題を。これまでに取り上げてきた駅そばは、いずれもレギュラーメニューとして酒類を提供する店舗だった。しかし、ここで取り上げるのは、昼は駅そば、夜は駅酒場と、時間帯によって業態が変化するケースだ。駅そばファンの間では、このような店を〝二毛作店〟と呼ぶ。その店があるのは、京急線黄金町駅の改札外だ。

２０００年頃までの日ノ出町駅から黄金町駅にかけてのエリアは、とにかく荒んだ街だった。戦後、京急線の高架下にバラック住居が不法に建てられ、それらが次第に飲食店を装った売春宿へ変化し、一大〝青線地帯〟を形成していく。１９５８年に売春防止法が施行されると、今度は違法薬物の密売が盛んに行われるようになり、密売組織同士での抗争も勃発。警察官ですらうかつに立ち入れないほど危険な街になってしまった。

一大転機となったのは、２００２年だ。この年に、京急による高架補修工事が行われ、これに伴い高架下の不法店舗群が一斉立ち退きとなった。立ち退いた不法店舗は高架下から周辺地域に離散して営業を続けたが、地域住民により風俗拡大防止協議会が結成され、翌年には行政や警察などが連携して「初黄・日ノ出町環境浄化推進協議会」を発足。２００５年には警察による集中摘発、通称「バイバイ作戦」が決行され、違法風俗店はすべて姿を消すことになった。その後、京急高架下には文化芸術スタジオが設けられ、各種イベントを通じて地域住民がアートとふれ合う場となり現在に至っている。違法風俗と違法薬物の街から現代アートの街へ、黄金町は劇的に変貌を遂げたのである。

比較的新しい店だが、どことなくレトロムードも漂う

昼は駅そばの「えきめんや」、夜は駅酒場の「えき缶酒場」という二毛作店は、文化芸術スタジオから藤棚浦舟通りを挟んですぐの場所にある。京急沿線に店舗を展開する「えきめんや」としては、初の二毛作店である。オープンしたのは、文化芸術スタジオが開設された後の２０１２年。この店も黄金町が安全な街に生まれ変わったことを象徴していると考えるのは、駅そばに肩入れしすぎだろうか。

駅酒場に変身するのは、16時（土日祝は15時）だ。コロナ以前は、この時間に暖簾を掛け替えて、夜メニューは口頭注文のため券売機を止める対応をとっていた。しかし、現在は最初から暖簾を出しておらず、夜

缶詰は、定番ものからレアなローカル商品まで豊富に揃う

メニューも券売機で対応する方法に変更されている。また、以前は一部メニューのみの提供だった夜のそばメニューが、フルラインナップに変更されていた。

駅酒場タイムの最大の特徴は、缶詰を肴に酒を飲めることだ。券売機メニューとは別に、缶詰を購入してその場で食べられるのだ。必要であれば、湯煎で温めてもらうこともできる。壁一面にずらりと並んだ缶詰は、見る者を圧倒する品数。また、缶詰をアレンジした一品料理も多く設定されている。缶詰以外の一般的な居酒屋料理も提供しているものの、これは先に紹介した大宮駅「大宮横丁」と同様のテーマパーク型駅酒場のジャンルに含められるだろう。

注文する飲み物は、もう決めてあった。関東の駅酒場で一度は触れておきたかった、ホッピーだ。私は白より黒の方が好きなので、黒のホッピーセットをいただく。つまみは、缶詰アレンジ料理から「コンビーフユッケ風」、駅そばならではのメニューから「紅生姜天」、そして一般メニューから「もつ煮」を選択した。私は、ホッピーを飲む場合には必ずナカ（焼酎）をお代わりするので、つまみは3品くらい欲しい。

ホッピーは、1948年に発売されたビールテイストの焼酎割り材である。当初は白ホッピーに相当する商品のみで、黒ホッピーは1992年発売とだいぶ新しい。先に述べたように、ホッピーは1980年代に柑橘系の割り材が大ヒットしたことで低迷期に陥る。これに対抗するべく品質向上に取り組む中で生み出された商品のひとつが黒ホッピーなのだ。この他に、発売55周年の節目にプレミアム製法で造られた55ホッピー（通称「赤ホッピー」）もあるが、飲食店向けのリターナブル瓶ではなく一般販売用のワンウェイボトルのみである。

私が黒ホッピーを好むのは、香ばしさや苦味が際立っており、鼻腔をつんと突く焼酎の刺激がやわらぐためだ。私はこの刺激があまり得意ではないので、選択肢があるのなら必ず黒を飲む。ビールに近いが、ビールではない。ビールより美味いとまでは言わないが、ビールとは違ったまろやかな美味さがある。出自はビールの代用品だけれど、旨みや苦味はオリジナル。それがホッピーの魅力だ。

つまみのコンビーフユッケ風は、缶詰のコンビーフに卵黄をのせて白ゴマを散らし、おろしニンニクと刻みねぎを添えた一品。醤油を少し垂らして、全体を混ぜて食べる。コンビーフの独特な獣臭と卵黄のネットリとした旨みが絡み合い、とても美味しい。ニンニクのアクセントも効果的だ。紅生姜天は、希望すればそばつゆを少しかけてくれる。価格が安いので、とにかく安く飲みたい場合にはとても重宝する。紅生姜は味が強いから、酒も進む。その気になれば、紅生姜天ひとつだけで1杯飲むこともできるだろう。そしてもつ煮は、思いのほか豚モツがたくさん入っており、コンニャクや大根などであからさまに嵩増しをしていないところが好印象だった。仕上げにのせる刻みネギの香りも相まって、とても美味しかった。もつ煮は、立ち飲み屋の王道とも言える料理。立ち飲み屋の実力を推し量る料理だと言ってもいいかもしれない。

ナカをお代わりする際には、空になったジョッキとナカの食券を一緒に渡す

次々と客が入ってくる一方で次々と出て行き、賑わっているけれど満席になることはない。神田のガード下や赤羽一番街あたりの立ち飲み屋より、明らかに平均滞在時間が短い。これが、駅ナカならではの立ち飲みなのだろう。仕上げにそばを1杯食べたい気分に駆られたが、ナカをお代わりしてホッピーを2杯飲み、つまみを3品食べたら、だいぶお腹が出来あがってしまった。20代の頃ならこれで帰ることなどあり得なかったなと思いつつ、静かに箸とジョッキを置いたのだった。

駅酒場よこみち写真館 2

マネキンで活気を演出する駅酒場「広島乃風」。やっぱり、カープファンなのですね（広島駅）

気が向いたときにいつでも飲める。駅酒場の最大の魅力は、これかもしれない（博多駅）

第三章
中部の駅酒場

ソーダで割って、気分は「赤玉パンチ」～甲府駅～

8月。私は約1年ぶりに甲府駅に降り立った。山梨県の代表駅だから、普段から利用者の多い駅である。しかし、この日はいつにも増して列車から降りる人々が多く、コンコースへ上がる階段までなかなかたどり着けないほどだった。たまたま、駅近くの舞鶴城公園で開催される「小江戸甲府の夏祭り」の日だったのだ。お祭りに向かうのだから、みなどこか楽しげで、牛歩状態であっても足取りが軽やかであるように見える。しかし、私はそうではなかった。

なぜなら、この日私が持っていたのは青春18きっぷだったからだ。青春18きっぷだと、自動改札ではなく有人窓口を通らなければならない。そして駅やタイミングによっては、有人窓口がたいへん混雑する。改札を出るまでがひと苦労なのだ。

私のこれまでの経験だけで「青春18きっぷではなかなか改札を出られない駅」を3つ選ぶなら、姫路駅と三島駅、そしてここ甲府駅を挙げる。姫路駅は外国人観光客の利用が多いから、有人窓口での対応に時間がかかるため行列が長くなりがちだ。三島駅は、東京方面から交通系ICカードで乗ってきた人が降車時に要精算となり、窓口に長蛇の列を作る。多くの交通系ICカードは全国で利用できるのに、エリアを跨いでの利用はできない。たとえば、Ｓｕｉｃａは東日本エリアでも東海エリアでも利用できるのに、乗車区間が東日本と東海にまたがると途端に使えなくなるのだ。この不便な仕様は、早く改良してほしいものだ。そして甲府駅の場合は、姫路駅や三島駅のような確固たる理由があるとは思えないのだが、なぜかいつ来ても長い行列ができる。青春18きっぷは、下車時に精算等の必要がないのに、長い行列の最後尾に加わらなければならない。少なからずストレスを覚える場面だ。

しかし、この日は違っていた。夏祭りで駅の利用者がとりわけ多く、行列が長くなりすぎてコンコースの動線がマヒしてしまうのを防ぐためか、有人窓口とは反対側の通用口を開放し、駅員が立って「青春18きっぷの方はこちらをお通りください！」と声を張り上げていた。ほとんど並ぶこともなく、ほんの数秒で改札

ワイン樽に天板を乗せた立ち飲み席は、若者に大人気

を抜けることができた。できれば、毎日この対応をとってくれるとありがたいところだ。

ストレスフリーで改札を通れたので、気分よく駅酒場に向かえる。目指すは、改札のほぼ真向いに店を構える「葡萄酒一番館」だ。山梨といえば、国産ワインの宝庫。ぜひ、一杯いただこうではないか。

葡萄酒一番館がオープンしたのは、2021年のこと。コロナ禍のオープンだ。お世辞にも広いとは言えない店内は、入って右手が山梨県産ワインを中心に販売するショップ、左手が立ち飲みコーナーになっている。その意味では、第1章で紹介した仙台駅「むとう屋」や秋田駅「あきたくらす」に近いタイプの店舗だと言える。この5〜6年の間に、ショップ併設の駅酒場がずいぶん増えたのだなと実感する。

ドリンクメニューはワインが中心だが、ワインそのものだけでなく、ワインを使ったカクテルなども多く揃え、若い世代にも喜ばれそうなラインナップ。実際、店内に居合わせた客は、大半が学生風の若者だった。一部の席がワイン樽になっているなど、お洒落な遊び心も若者の心を掴みそうだ。どちらかというと、物販よりも立ち飲みの方に力が入っているのかなと感じる。

せっかくワインから派生した風変わりなドリンクがたくさんあるのだから、ここでは少し変わったものを飲んでみることにしようか。ワインのソーダ割りだという「かち割りワイン」を注文だ。フードは、陳列棚に並んでいる作り置きのものを取り、飲み物の注文時に一緒に精算する仕組み。ドリンクだけ先に提供されてフードがなかなか出てこないということがないので、短時間でのちょい飲み目線で考えるとありがたいシステムだ。作り置きであるだけに冷製のものが中心になり、温かい食べ物がないのは少し残念であるが。ご当地感のある「吉田の煮玉子と富士桜ポークの焼豚」をチョイスして、オール山梨の立ち飲みセットが完成だ。

かち割りワインは、中ジョッキでの提供。まさかジョッキでワインを飲むことになるとは思わなかった。ちなみに、この店の名物メニューのひとつ「一升瓶ワイン」は、湯飲茶碗での提供である。茶たくにのせ、茶碗からこぼれるほどなみなみと注ぐのだという。県内では、各家庭で一升瓶入りのワインを常備し、飲むときには湯飲茶碗を使うことが多いそうだ。奇をてらったわけではなく、土着の文化を取り入れたスタイルなのだ。茶たくにこぼれるほど注ぐのは、立ち飲み店ならではの仕様だろうけれど。

かち割りワインはソーダで割ってあるので、アルコール度数は低め。かちわり氷入りでキンと冷たく、グビグビ呷れるので、夏場に重宝する。薄まってはいるけれど、ワインの風味もしっかり感じられる。若い頃によく飲んだ「赤玉パンチ」の記憶が蘇ってくる味わい。これは、甘さを抑えて香りを強めた赤玉パンチだ。最近では缶や紙パックのイメージが強くなったが、丸底フラスコのような瓶に入った元祖赤玉パンチは今も販売されているのだろうか。

ワインは380円から、フードは270円から。1000円札を1枚持っていれば充分楽しめる。もちろん、昼飲みもできる。青春18きっぷで中央本線を旅すると甲府駅で乗り継ぎになることが多いので、また寄らせてもらうことにしよう。願わくば、そのときにも青春18きっぷ専用の改札が設けられていますように。

かち割りワインは、色合いも赤玉パンチによく似ている

〝アイマニ〟から〝マニマニ〟へ ～塩尻駅～

塩尻駅の3・4番ホーム上にブドウ園があることをご存じだろうか。1988年に塩尻のブドウとワインをPRする目的で、代表的なブドウの品種であるメルローとナイアガラが植えられている。駅のホーム上にあるブドウ園は、全国でここだけ。栽培は市内のワイナリーとJR、地域のボランティアらが共同で行い、

ホームのブドウ園。園内にベンチがあり、
列車待ちのひとときを過ごすこともできる

毎年7月に行われるブドウの実の傘かけ作業は、多くの鉄道ファンやワインファンを集める一大イベントになっている。ちゃんと実をつけ、収穫し、ワインやジュースに加工して販売しているのだ。また、駅西口のロータリー脇でもブドウが栽培されており、こちらもジュースに加工されて販売されている。長野県塩尻市は、山梨に劣らぬブドウの名産地であり、ワインの名醸造地でもあるのだ。

ただ、本書のテーマは駅酒場。ホームにブドウ園があっても、駅構内にワインを提供する飲食店がなければ紹介することができない。確か、塩尻駅には喫茶店と日本一狭いことで有名な駅そば、そして階段の下に郷土料理店があったと記憶している。駅そばにワインはないだろうが、喫茶店か郷土料理店にはあるかもしれない。一縷の望みを託し、改札を出てみることにした。

東口階段を途中の踊り場まで下りたところで、ふと足を止める。喫茶店があったはずの踊り場に、新しい店ができているではないか。出入口ドアの脇には大きな木箱が置かれ、その中には夥しい数のワインのコルク栓。その上に、ワインボトルが4本横たえられている。なんと、私がしばらく当駅で下車せずにいた間に喫茶店が撤退し、同じ場所に塩尻ワインを中心に提供するワインバー「アイマニSHIOJIRI」がオープンしていたのだった。これは入ってみないわけにいかない。

この店がオープンしたのは、2022年6月のこと。運営するのは、塩尻市内で農家支援事業などを営む企業だ。コンセプトは、「塩尻駅東口階段のアイマで、電車を待つアイマニ、人と人が会う間を」。なるほど、店名からなんとなく「電車を待つ間にふらっと立ち寄る」と想像できていたけれど、階段の踊り場すなわち「アイマ」にあるという意味も含んでいたのか。農家支援事業を主業とするだけに、ワインだけでなくフードメニューに使う野菜なども塩尻産のものを多く使用しているという。

階段の踊り場にある小さな店。裏手にも出入り口があり、そちらの階段にはワインボトルが並べられている（巻頭カラー参照）

照明を落としてムードを高めた店内には、テーブル席とカウンター席がある。私はひとりでの入店だったので、自動的にカウンター席へ通された。時刻は14時前。この時間帯はランチメニューの提供で、メインのフードが3種類。生肉のソーセージを使用しているというアイマニドッグ、本日のパスタとして冷製ハラペーニョクリームパスタ、そして本日のランチプレートとして鹿肉バーガー。これに、２００円増しでドリンクをセットにでき、３００円増しでドリンクをワインに変更できる。ワインリストは、厨房上部に掲示されている。私はワイン好きではあるが、特段詳しいわけではない。塩尻ワインも、意識して飲むのは今回が初めてだ。銘柄を指定して注文するのは難しい。鹿肉バーガーのランチプレートのワインセットを注文し、ワインは「赤」とだけ指定して、あとは若い男性の店員に任せることにした。

　すると店員は、緑色のボトルから赤ワインを注ぎ、ボトルとともに差し出す。なるほど、客にラベルを見せてくれるわけだ。銘柄は、２０１９年に創業したばかりのワイナリーが手掛ける「ルヴィーブル（Ｒｅｖｉｖｒｅ）」だ。

　ルヴィーブルとは、復活を意味するフランス語。塩尻では明治期からブドウ栽培が連綿と受け継がれてきたが、農家の高齢化や後継者不足が深刻化しており、市内には荒廃したブドウ園が多数存在するという。3年の歳月を費やしてこれらのブドウ園を蘇らせ、栽培したブドウを加工するべく新たに立ち上げたワイナリーでこのワインが醸造されているという。既存

ルヴィーブルの赤。ドラマを感じる一杯に巡り合うことができた

のワイナリーがブドウ園の整備に乗り出したのではなく、ブドウ園の再生が出発点だったのだ。だから、銘柄名は「ルヴィーブル」。ちなみにこのワイナリーでは、塩尻駅ホームで収穫したブドウを使ったワインも醸造している。

ひと口含んでみると、ブドウの渋みと甘みがふわりと広がった。平均的なワインよりもブドウそのものの風味が強く、ブドウを丸かじりしているかのような味わいだ。ワインとしてはまだ「若い」ということなのかもしれないが、フレッシュで瑞々しく、とても美味しい。

高さのある鹿肉バーガーには、色とりどりの野菜やピクルスが添えられ、彩りが美しいだけでなく味わいにもコントラストを生み出していた。なるほど、これが塩尻野菜というわけだな。私は待合室の駅そば「桔梗」で、ジビエメニューの信州鹿肉そばを食べたことがある。だから、ここで鹿肉バーガーを提供していることに特段の驚きはなかった。鹿肉は、脂肪が少なく淡白で、さっぱりした旨みが特徴。食べごたえがあるわりにヘルシーなので、男性にも女性にも人気がある。ワインとの相性も良いではないか。ライトボディのワインなので、ピクルスや生野菜にも合う。ワインも食も、どんどん進む。

盛り合せのピクルスや生野菜のほか、鹿肉バーガー自体にも塩尻野菜が使われている

鹿肉バーガーを半分ほど食べたところで、若い女性のひとり客が入店し、ちょうど空いていた私の左隣の席に腰を下ろした。ほぅ、若い女性もひとりでワインを飲みに来るのか。そう思っていたのだが、女性はやおら生ビールを注文し、グビグビと呷り始めた。そして、店員と親しげに話し始める。その口調は、関西弁。気になってしょうがなかったので、タイミングを計って話に割って入る。

女性は大阪でバーを経営しており、長野県内の農家との連携プロジェクトに参加した際にこの店員と知り合ったそうだ。ワインは苦手で一滴も飲めないのに、それ以来たまに塩尻まで飲みに来るのだという。

すると今度は、女性の左隣、つまり私のふたつ隣の席でワインを飲んでいたスーツ姿の若い男性が話に割って入る。彼は、輸入ワインの卸売会社に勤めるビジネスマンで、塩尻ワインのテイスティングのためにやって来ているという。

関西弁の女性もスーツ姿の男性も、いわば〝業界人〟である。一方の私は、鉄道旅の途中でたまたま見つけて寄ってみただけの素人だ。普通なら、飲食店で出会っても言葉を交わすことなどないだろう。自然と壁ができてしまうものだ。しかし、この店にはその壁を取り払う気さくな雰囲気が漂っている。店員の軽妙な語り口と、すべての客に対して平等に接する姿勢。それがとても心地よく、ついつい喋りたくなるし、長居したくなるのだ。

乗車予定の列車がやって来るまで、あと10分。そろそろ店を出ようと身支度をすると、

「ここからホームまで、徒歩1分。まだ大丈夫ですよ」

と、店員がすかさず合いの手を入れる。しかし、どうやらこの「まだ大丈夫」は、魔性のフレーズのようだ。

「列車の乗り換え待ちの間に入店されたのに、つい長居をして列車を1本遅らせてしまうお客さんも続出していますけどね」

なるほど、列車待ちの合間に軽く一杯のはずが、居心地がよいあまりワインとトークの随《まにま》に時間を過ごし、列車に乗り遅れる。〝アイマニ〟のつもりが、知らず知らずのうちに〝マニマニ〟になってしまうわけだ。いかんいかん。塩尻から東京まで、青春18きっぷだとまだ5時間以上かかる。次回は〝マニマニ〟を存分に楽しむためにもう少し早い時間帯に訪れることにして、今日のところはこれで退散させていただこう。

ホームで生ビールを飲みたくなる駅 ～戸倉駅～

私は長年、駅構内で営業する簡易的なそば店、すなわち「駅そば」の研究を続けている。その中で、近年の大きな懸念材料のひとつに、ホームで食べられる駅そばが減少傾向にあるということが挙げられる。

減少する理由は、地方と都市部とで異なる。地方では、鉄道利用者の減少により充分な客数が見込めなくなったことが大きい。たとえば、ホームが4面8線ある駅で駅そばを営む場合、ホームに出店するとすべての乗降客をカバーするためには4店舗必要になる。しかし、乗客が集約されるコンコースや改札付近などへの出店なら、1店舗で事足りる。駅そばの運営事業者は、生き残るためにホームから去っていくのだ。

都市部では、コロナ禍を経て鉄道利用者が減っているとはいえ、まだまだ充分な利用者数がある。しかし、駅ナカ開発が進んでさまざまな飲食店や物販店がライバルとして登場し、わざわざホームで食べる人は減少しつつある。同時に、複数の鉄道会社線にまたがって直通運転する列車が増えたことにより、乗客は列車を乗り換える機会が減少している。駅そばは乗り換えのついでに利用する場合が多いので、直通運転が拡大するほどに利用機会を奪われてしまうことになる。さらには、ホーム上にホームドアやエレベーターなどが設置されると、店舗が物理的に邪魔になり退去を余儀なくされる場合もある。

ホーム上のテーブルは4席。待合室側でも、座って飲食できる

以上の理由によりホームの駅そばは減少し、残るのは都市部の乗り継ぎや乗り換えが発生する大規模な駅に絞られてきているのである。しかし、長野県内では、これとは別の理由でホームに駅そばが残る事例に出合うことができた。今回は、そんなお話。

しなの鉄道の戸倉駅は旧戸倉町（現千曲市）の中心部に位置し地域住民が利用するだけでなく、戸倉上山田温泉の玄関口として観光客も多く利用する。1日あたりの乗降者数は2000人前後で推移しており、しなの鉄道の駅としては毎年ベスト10に入る。利用者は、比較的多い駅だと言える。

そのため、改札外の待合室内には2軒の飲食店が入居している。駅そば「かかし」と、駅カフェ「しなの」だ。そして、このうちの「かかし」が、ホーム側にも小さな窓口を設け、ホーム上にテーブル席を配置して飲食スペースを確保している。戸倉駅は他の鉄道路線との接続がないので、当駅で列車を乗り換える人はいないはずだ。長野方面からやってくる列車には日中に戸倉止まりの区間列車が設定されているが、戸倉より先まで行く人がわざわざ戸倉行きに乗ってきて当駅で列車を乗り継ぐとは思えない。つまり、当駅で列車を乗降する人は、ほぼ全員改札を出入りすると考えられるのだ。であれば、待合室に店舗があればニーズを満たせる。ホーム側に窓口を設ける必要はなさそうなものだ。ホーム側の窓口は誰が利用するというのか。実に不思議な造りなのだ。

この店ではそば・うどんに加えて生ビールや手作り惣菜の提供があるので、駅そばとしてだけでなく駅酒場としての機能も併せ持つ。ホーム側にも窓口があるのだから、ぜひホームで生ビールを飲んでみようではないか。そう考えて、ホーム側の窓口へにじり寄る。しかし、

「どうせなら、列車が入線するタイミングに合わせて飲みたいな」

と思い、いったん改札口近くのベンチに腰を下ろして列車の到着を待つことにした。

すると、不意に駅事務室の扉が開き、制服姿の男性駅員が両腕で折り畳み式のテーブルを抱えて出てきた。テーブルをホーム上に設置し、今度は別の女性駅員がテーブル上に箱菓子のようなものをたくさん並べ始める。そこで男性駅員が私の存在に気づいたようで、満面の笑みを浮かべながらこちらへ歩み寄ってきた。

「よかったら、お饅頭はいかがですか？」

なぜ、駅のベンチで休んでいると饅頭を売りつけられるのか。もう、何がなんだか分からない。しかし、男性駅員に話を聞いてみると、ホーム側に駅そばの窓口があることも含めて、すべての疑問が一気に氷解したのだった。

観光列車ろくもんを眺めながらの一杯は最高。次回はろくもんにも乗ってみたい

まもなく1番線に入線する列車は、軽井沢10時30分発長野行きの観光列車「ろくもん」なのだった。ろくもんには、戸倉駅で15分ほどの停車時間が設けられている。乗客たちはこの時間を利用して、ホームへ降りて記念撮影をするなり、駅側で用意した物販コーナーで地場産品を購入するなり、思い思いに過ごせるのだ。そして、15分あれば、駅そばを1杯食べることだってできる。生ビールを飲むこともできる。

ろくもんは、毎日運転されるわけではない。だから、「かかし」がホーム側に窓口を設けている理由はほかにもあるかもしれない。しかし、実際にろくもんが戸倉駅に到着すると、ホームに降り立った乗客のうち2人が「かかし」のホーム側窓口にやってきた。月見そばとかけそばが売れた。8月の炎天下でも2杯出るのだから、もう少し涼しい季節なら席が足りなくなるほど多く売れるのではないだろうか。

ろくもん（左）と、長野行き普通列車（右）。本来1番線発車の普通列車は、ろくもんの運転日のみ2番線発車となる

かくして、私はろくもんがホームに滑り込んでくる直前に生ビールとホルモン焼きを購入し、車両を眺めながら味わうことができたのだった。ホームに設置されたテーブルでの飲食は、この上なく開放的。ホームの島式駅そばでも、ここまでの開放感は得られないだろう。いわば、列車に一番近い駅酒場。物理的な距離ではなく、感覚的な距離がとても近い。この風情を楽しめるのは、全国をくまなく探しても戸倉駅以外にはないかもしれない。

チャンスは最大5回。地酒ダンジョンに挑戦！ ～越後湯沢駅～

秀峰谷川岳の北麓に位置するため降雪量が多く、周辺に多くのスキー場があることから、冬場に賑わいを見せる越後湯沢駅。駅ナカには、スキーシーズンのみ営業する屋台形式の軽食店がたくさん連なり、スキー

唎酒番所は、未成年者は入場できない。また、飲食物の持ち込みも不可

やスノーボードの板置き場もあちこちに用意されている。

スキー客向けの冬季限定軽食店は１９９０年代を彷彿とさせる造りだが、通年営業のショッピングゾーンは２００９年に「ＣｏＣｏＬｏ湯沢がんぎどおり」として全面リニューアルされている。飲食店や土産物店、ビジターセンターなどがある、綺麗でファッショナブルな駅ナカモールだ。駅ナカがモダンなゾーンとレトロなゾーンにはっきり分かれているのが面白い。

がんぎどおりの一番奥にあるのが、日本酒に特化したテーマパーク「ぽんしゅ館」だ。越後の地酒などを販売するだけでなく、米麹を使ったスイーツを提供するカフェ、そして第1章で少し触れた浴用の日本酒を混ぜた温泉入浴施設「酒風呂湯の沢」まで揃う。スキーやスノーボードで芯まで冷え切った体を温泉で温めれば、天にも昇る気分だろう。

ぽんしゅ館は日本酒特化のテーマパークなのだから、日本酒が飲めなければ話にならない。当然、利き酒コーナーも併設されている。ぽんしゅ館に入ってすぐ右手、つまり館内でもっとも人通りの多い場所にある、「唎酒番所」だ。ここでは、新潟県内の地酒を常時１００種類以上揃え、その中から好きなものを選んでテイスティングすることができる。

入場料は、ワンコインの５００円。先に支払いを済ませると、館内のみで使用できる5枚のメダルとお猪口が提供される。メダルを日本酒の抽出器に投入すると、お猪口1杯ぶんの酒が注がれる仕組みだ。

訪問時には、１２６種もの地酒の抽出機が壁一面にズラリと並んでいた。メダルの必要枚数は銘柄によって異なり、1枚で1杯飲めるものから1杯飲むのに3枚必要なものもある。1杯で3枚使ってしまってはもったいないので、まずは1枚で飲めるものから選んでいこう。

とはいえ、これだけ種類が多いとどれを選べばよいのかまるで見当がつかない。中には過去に飲んだことがある銘柄もあるのだが、ぜひ飲んだことがない銘柄にチャレンジしてみたい。そんな時に参考になるのが、各抽出機に添えられた説明書きと、フロアに掲示されたおすすめリストの板書だ。このふたつを見れば、ある程度方向性を絞れる。

まずは、126種のうちトップの1番目に配置されていた「天領盃純米」を試してみる。抽出口にお猪口をセットしてからメダルを投入し、黄色いボタンを押して抽出する。お猪口を置き忘れると酒はそのまま流れてしまうので、手順を間違えないよう注意が必要だ。

天領盃は、佐渡島の地酒だ。1983年創業の新しい酒蔵の銘柄。説明書きによると「アーモンドのような旨味を感じる香り」とあったのだが、いまひとつピンとこなかった。辛口ではあるがすっきりしていて、飲みやすい酒だ。

2杯目は、板書に「爽やかなバナナのような香り」と記載されていたのが気になった「天神囃子特別純米」。こちらは、越後湯沢から比較的近い十日町市の地酒だ。口をつける前に鼻を近づけてお猪口を少し揺すってみると、バナナかどうかはともかくとして、確かに甘い香りが立ち登ってきた。飲んでみると辛口で、ドライでありながらまろやかな風味もある酒だった。

3杯目には異なるタイプの香りを楽しみたいと思い、「キャラメルのような香ばしい香り」との説明書きがあった「越後五十嵐川特別純米」をチョイス。長岡市と新潟市の中間に位置する三条市の地酒だ。これは、説明書きがまさに言い得て妙だった。砂糖を焦がしたような苦味と甘さのマーブル模様は、まさにキャラメル。実に分かりやすい説明書きだ。

ここまでの3杯は、いずれもメダル1枚で飲めるもの。残るメダルは、2枚。最後は、少し奮発して1杯で2枚必要なものを飲んでみようか。選んだのは、ネーミングも少々気になった「雪兜シルバーエディション

お猪口とメダル。メダルが4枚しかないのは、夢中になりすぎて撮影前に1枚使ってしまったため

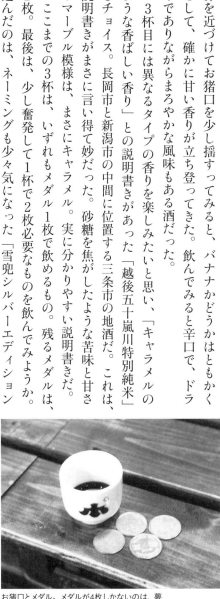

メダル1枚で飲めるものが大半。選択肢が多すぎて、目移りしてしまう

純米吟醸」。長岡市の地酒で、蔵元は1845年創業の老舗だ。老舗の酒というと重厚な味わいだという先入観を抱いてしまうのだが、飲んでみるととても爽やかで、抜け感のある上品な酒だった。説明書きには「ライムやグレープフルーツのような酸味の香り」とあり、確かに柑橘類を連想させるような香りを帯びていた。

お猪口1杯ずつだから、がぶがぶとたくさん飲めるわけではない。しかし、500円で最大5種類の地酒を試せるのはとてもありがたい。フードメニューは、生のキュウリ（100円またはメダル1枚）と、全国各地のご当地塩を集めたテイスティングコーナーのみ。塩は、本来はキュウリ用だが、塩のみでのテイスティングも可能（無料）。椅子もテーブルも用意されていないので、長居するタイプの店ではない。酒を選んでキュッと飲んで、塩か水で舌をリセットしたら次の酒へ。この繰り返しで、滞在時間は10分ほどになるのではないだろうか。それでも、たいへん面白い趣向であることは間違いない。

考えてみれば、駅ナカでの日本酒の有料試飲や角打ちは、ここが草分けになるのかもしれない。今回訪ね歩いた限りでは、試飲や角打ちができる駅ナカ酒店のオープンは、ここ5、6年に集中している。一方の越後湯沢駅のぽんしゅ館は、2009年オープン。その後、2013年に新潟駅に、2017年には長岡駅にもオープンしている（銘柄のラインナップは駅により一部異なる）。唎酒番所が話題になったことで駅ナカ試飲が全国に広まったという側面もあるのではないだろうか。そう考えれば、ぽんしゅ館が駅酒場業界に与えた影響は計り知れない。2009年に越後湯沢駅で産声をあげたのは、駅ナカ試飲や駅ナカ角打ちといった文化そのものだったのかもしれない。

静岡おでんで2回戦に突入 〜静岡駅〜

これまでに多種多様な駅酒場を紹介してきたが、おでんを肴に飲める店をまだ取り上げていなかった。おでんは事前に仕込まれてあるので、アツアツで手が込んだ料理であるにもかかわらず提供が早い。短時間でサッと飲みたい場合には強い味方になる。駅そばのサイドメニューにもおでんが入っていることが多い西日本へ行けば、おでんを扱う駅酒場はたくさんあるだろう。しかし、できれば東日本でも1軒くらい寄っておきたい。東日本でおでんといえば、すぐに思いつくのは東京か静岡。なかでも静岡おでんはとりわけ個性的なので、静岡駅では静岡おでんを食べられる一杯飲み屋を探訪することにしよう。

静岡駅の駅酒場はあまり目立たない場所にあり、改札を出た時点では視野に入らない。酒場だけでなくすべての駅ナカ店舗が駅ナカモール「アスティ静岡」に集約されており、コンコースはガランとしていてどこか物悲しい。

アスティ静岡は、ふたつのエリアから構成されている。改札を出て正面方向の西館と、改札裏手の東館。規模が大きいのは西館で、こちらには物販店や食事メインの飲食店が連なる。間口が広くてよく目立つので、静岡駅の構造を熟知していない人が駅ナカで何らかの欲求を満たしたい場合には、まずは西館へ向かうことになるだろう。

しかし、酒をメインとする飲食店が並ぶのは、新幹線改札脇の狭い通路を入った先にある東館だ。西館と東館とでは、雰囲気がまったく異なる。西館は、綺麗でスタイリッシュなショッピングモール。東館は、横丁の雰囲気が色濃い、ややレトロ感が漂う飲み屋街。酒が目当てなら、狙うは東館だ。

今回は、目的がはっきりしている。静岡おでんと、酒。この両者を楽しめる店ということで、店頭に「静岡おでん」と描かれた大きな赤提灯を出していた「海ぼうず」に入ってみることにした。時刻は、11時過ぎ。この時間でも、ほとんどの店舗が営業している。これは昼飲み天国ではないか。街なかの居酒屋は、定食などを中心としたランチ営業を除くと、夕方からの営業である場合が多い。昼に飲める店は、少数派だ。しか

赤提灯と「さけ めし」と描かれた行灯が郷愁を誘う

し、駅ナカは違う。多くの店舗が午前中から店を開け、酒も提供する。その代わり、駅ビルの規約等により閉店時間が早い。街酒場は、夕方から深夜まで。駅酒場は、午前中から宵の口まで。21時か22時くらいには店を閉めてしまうことが多く、深夜帯まで営業する店は、駅舎の外側を向いた店くらいだろう。街なかの酒場とは異なる営業時間も、駅酒場の大きな特徴だ。

注文は、各席に備えられたタブレット端末で行う。静岡おでんの盛り合せは少々ボリュームが過ぎるので、アラカルトで注文する。選んだのは、玉子、黒はんぺん、白焼き、志乃だ巻。個人的にいちばん好きなおでんダネである玉子以外は、静岡ならではのタネでまとめた。飲み物は、茶どころならではの緑茶ハイ「秘密の静岡割り」にしよう。

先にお通しと静岡割りが提供された。お通しは数種類あり、店員さんが盆にのせて全部持ってきて、その中からひとつ選ぶスタイル。現物を見て選べるのが面白い。お通しは「席料として強制提供されるから仕方なく食べる」と考える人が少なくないと思うが、選択の余地があるのなら話は別。これはこれで楽しみになる。静岡ならではの生シラスをいただくことにした。醤油を数滴垂らし、臭み消しのおろし生姜や小口ネギと和えてひと口。うん、美味い。東京で暮らしていると、生のシラスを食べる機会はあまりない。たいてい釜揚げになる。生シラスに特有のツルリとした食感に、ふんわりと漂う磯の香り。これは緑茶ハイより日本酒のほうが合いそうだ。

そして、メインの静岡おでんが登場。静岡おでんは削り粉や青海苔をかけて食べるのが一般的。この店でも、削り粉や青海苔は各席に常備されている。それから、ひとつひとつのタネに串を刺してあるのも、静岡おでんの特徴。だから、箸で食べるのではなく、串を持って食べる。ただ、この店では、玉子には串を刺していなかった。

削り粉をかけるので、当然ながらカツオの香りが濃厚になる。同時に、削り粉がおでんつゆを吸うため、ややドライな食感になる。おでんつゆの色は濃いめで、どのタネもしっかり煮込まれて黒々としている。ただ、色の印象ほど味は濃くなく、最後まで飽きずに食べられる。

黒はんぺんは、イワシやサバなどの青魚を骨ごとすりつぶして半月形に成形したもので、つみれの歯ごたえを少し強めたようなイメージ。東京で一般的に流通している白身魚のはんぺんとは、まったくの別物だ。白焼きは、タラなどの白身魚のすり身を素焼きしたもの。フワフワとした食感で、むしろこちらの方が東京のはんぺんに近い。そして志乃だ巻は、魚のすり身に野菜などを混ぜ、油揚げで包んだもの。これは、東京の一般的なおでんダネで近いものが思い当たらない。油揚げで具材を包んでいるという点では巾着がんもあたりが近そうだが、中身はさつま揚げのようなものなのだ。

静岡おでんと秘密の静岡割り。静岡割りは、焼酎もお茶も濃淡を選べる

おでんを半分ほど食べ進めたところで、静岡割りが底を突いた。2回戦といこうか。今度こそおでんに合う日本酒をと考えたはずなのに、最終的に注文したのは静岡茶ビールだった（巻頭カラー写真参照）。静岡県産の一番抹茶を使用したビアカクテルだ。どうも私は、このようなご当地感のある創作メニューに弱い。

怪我の功名か、これがとても美味しかった。思っていたよりも遥かにお茶の香りが濃い。ビールの苦味とお茶の苦味が相乗効果となり、ビシッと背骨が通った一杯に仕上がっていたのだ。静岡割りよりこちらの方が、インパクトも数段強く私好み。いろいろな意味で想像を上回っているので、おでんに合うかどうかはともかくとして、試して損はないだろう。

駅ナカ試飲は、造り酒屋にも ～浜松駅～

近年では、台風などで荒天が見込まれる場合には、あらかじめ運転の見合わせを決める「計画運休」を行うことが多くなってきた。２０２３年8月15日は、台風７号が近畿地方に上陸する見込みであったため、東海・近畿地方の鉄道網は、計画運休を含めほぼすべて運転が見合わされた。

そんな中、私は翌日から近畿・中国地方の各地を歴訪する別件の取材を控えており、前日のうちに大阪あたりへ入っておこうと考えて、青春18きっぷを手に東海道本線を西へ下っていた。

台風が接近していることは、知っていた。どこかで大幅遅延や運転見合わせとなる可能性も、頭にあった。しかし、まさか浜松でストップしてしまうとは思っていなかった。在来線は、浜松から西は終日計画運休。新幹線は大幅に本数を減らして名古屋まで運転していたが、名古屋から先はやはり終日計画運休。名鉄も近鉄も運転を見合わせており、一切身動きが取れなくなってしまった。ＪＲは計画運休だから、たとえ天候が回復したとしても、この日のうちの運転再開はない。新幹線を使ったところで名古屋までしか行けないのだから、台風の影響が名古屋より小さいであろう浜松で投宿することにしよう。

時刻は、14時。まだ宿に入るにはだいぶ早い。予定外にガバッと時間が空いてしまい、手持ち無沙汰になった。せっかく賑やかな駅にいるのだから、駅酒場の探訪に切り替えるか。そう考えて、駅ナカモールの「エキマチＷＥＳＴ」に足を踏み入れる。

浜松でご当地グルメといえば、真っ先に思い浮かぶのは餃子だ。エキマチＷＥＳＴにも餃子をメインに提供する飲食店があり、酒も飲める。静岡麦酒や三ヶ日みかんサワーといったご当地ものもあり、魅力的だ。しかし、店頭には長い行列。仙台駅の牛たん通りを避けたのと同じ理由で、ここはやめよう。本書で取り上げるのは、30分飲むために1時間待つ店ではなく、サッと入れてサッと出られる店を中心にしたい。もしかしたら、私と同じように台風の影響により浜松駅で足止めされた人々がたまたま流れ着いていただけかもしれないが。

コンパクトな店舗。試飲コーナーは、2〜3人でいっぱいになる

飲食店が並ぶエリアは諦め、物販店が連なる区画へ移動。このような駅ナカモールでは、物販エリアでも酒店があれば有料試飲できる可能性がある。これまでに仙台駅や秋田駅、東京駅などを探訪して、傾向を把握していた。そして、期待どおりに酒店「花の舞」があり、わずかなスペースではあるが有料試飲コーナーを併設していたのだった。店員に聞くと、有料試飲を始めたのはコロナ禍に入ってから。それまでは購入者向けにごく少量を無料試飲提供していた。しかし、コロナ禍に入って客数が激減したことを受け、購入者でなくても有料で試飲できるように変更したのだという。

試飲メニューにはいくつかの種類があるが、銘柄はすべて店名と同じ「花の舞」。ここは、浜松市内の酒蔵である花の舞酒造の直営店で、自社製品のみを販売および試飲提供しているのだ。これは、仙台駅や秋田駅とは異なるパターンだ。東京駅の「はせがわ酒店」は、造り酒屋ではあったが立ち飲みメニューのうち自社製品はごく一部だった。自社製品のみで運営している駅ナカ試飲コーナーは、これが初めての邂逅である。台風の影響で足止めされ、予期せず空いた時間を利用してふらっと寄っただけなのに、こんなにも魅力的な店に出合える。旅は実に楽しいものだ。

メニュー表に「おすすめ」と記載されていた、飲み比べ3種セットを試してみよう。脚のついたお洒落なグラスに注がれたのは、次頁の写真左から限定酒の純米大吟醸、ひやおろし琥珀の粧特別純米原酒、ひやおろし琥珀の粧純米吟醸原酒。「ひやおろし」とは、春に絞った酒に一度火入れをし、夏季に熟成させた酒のこと。江戸時代から伝わる製法なのだそうだ。3つとも醸造用アルコールを混ぜない純米酒で、米も米麹も100%静岡県産の山田錦を使用しているという。かなり贅沢な飲み比べセットだ。

吟醸や大吟醸といった種別は、精米歩合の違いである。玄米の表層部には雑味を生み出すたんぱく質などが多く含まれている。そのため、精米時にこの表層部を削り取る必要がある。削り取って残った割合が、精米歩合である（削り取った部分の割合は「精白率」と呼ぶ）。酒造りの際の精米歩合は、一般的に70％以下である。つまり、30％以上を削り取ってしまうわけだ。食用米の精米歩合は90％前後だから、酒造米は削り取る部分が食用米よりだいぶ多いことが分かる。

吟醸酒は精米歩合60％以下、大吟醸酒は50％以下。これは、酒税法に基づいて国税庁が告示する「清酒の製法品質表示基準」により定められている。つまり、精米歩合が50％以下でなければ、大吟醸を名乗ることはできないわけだ。

雑味のある外側を削りに削って、中心部分だけを酒造りに使う。これが大吟醸酒や吟醸酒だ。そばの世界に例えれば、そばの実の中心部分の〝御膳粉〟だけを使って打つ更科そばのようなもの、と考えれば分かりやすいだろうか。

仙台駅と同じように、少量の乾きもののつまみがサービスされる

今回いただいた3種の酒は、いずれも私が日常的に飲んでいる日本酒とは比べものにならないくらい上質なもの。正直に言うと、私の舌では3種をそれぞれ飲み分けるのは難しい。間違いないのは、どれも口あたりがシルクのように滑らかで、舌の上で転がすとフルーティな香りが膨らむということ。上品で嫌みがなく、とても美味しかった。

試飲コーナーの利用は「ひとり3杯まで。滞在時間20分まで」と決められているので、そろそろ退散しなければならない。ほどよく酔いが回ってくると、急激に湧いてくるのが食欲。まだだいぶ時間があることだし、並んででも浜松餃子を食べていこうか。タブレット端末を駆使して台風情報や鉄道の運行状況などを調べてくれた親切な店員に別れを告げ、踵を返し、私は飲食店エリアへ消えていくのだった。

日本一の駅そば天国にして、立ち飲み天国 ～名古屋駅～

日本一駅そばの店舗数が多い駅はどこか。駅そばの定義方法にもよるのだが、ホームにある店舗数だけを数えるなら、ナンバーワンは名古屋駅だ。在来線だけで8店舗（うち1店舗は、2023年8月時点で休業中）あり、新幹線を含めれば11店舗にのぼる。2位は4店舗（上野駅と立川駅）だから、名古屋駅は他を寄せつけないトップ独走状態なのだ。

かといって、愛知県を中心とした中京圏全域で駅そばが多いかというと、そうでもない。首都圏や関西圏と比べると、むしろだいぶ少ない。中京圏はトヨタ自動車のお膝元だから、鉄道より車が中心の社会だ。鉄道駅は、都市の中心部にあっても意外なほどコンパクトで、駅そばだけでなく駅ナカ店舗が全体的に少ない。それなのに、名古屋駅だけ店舗が集中しているのだ。もしかしたら、郊外の駅には駅そばがないからこそ名古屋駅に集中するのかもしれない。

列車乗降者の動線から外れたホームの端にあるので、混雑時間帯でも利用しやすい

もうひとつ考えられるのは、名古屋駅の駅そばはいずれも酒類に力を入れており、立ち飲み屋を兼ねた造りになっているということだ。立ち飲みとはいえ、飲み客は麺類を食べる客に比べて店内滞在時間が長い。どうしても客の回転が遅くなるので、後から次々にやってくる客を収容しきれなくなる。かといってホーム上の島式店舗ではフロアを広げることができないから、店舗数が必要になる。あくまでも私の個人的な考察ではあるが、このような要因が複雑に絡み合って、名古屋駅のホームに多くの駅そば店舗が息づいているのではないだろうか。

さて、時刻は14時過ぎ。この時間なら、1・2番ホームの「住よし」が空いているだろうか。どて煮をつまみつつ日本酒をいただくことにしよう。ちなみに、名古屋駅ホームの駅そばの多くは、実質的に「住よし」

である。しかし、酒類やつまみのラインナップは店舗ごとに少々異なっている。日本酒の扱いがない店舗もあるのでご注意を。

日本酒は、180㎖の小瓶とグラスがセットで提供される。銘柄等の情報を確認しやすいので、これはありがたい。銘柄は「神杉」の上撰（本醸造）だ。神杉は、愛知県安城市の酒蔵。何げない立ち飲みの日本酒にもちゃんと地元の酒を使うとは、嬉しいではないか。栓がスクリューキャップではなく栓抜きを使って開けるタイプの王冠（店側で開栓して提供）であるところも、泣かせる。そういえば、私は子どもの頃に何気なく王冠をコレクションしていた。ミカン箱いっぱいまで集めたはずなのに、いつの間にか所在不明になっていた。きっと、熱が冷めたところで母に捨てられたのだろう。知らぬうちに所在不明になったコレクションは、他にもたくさんある。キン消し、ミニカー、プラモデル……。私の母は、子ども心を傷つけることなく不用品を処分する天才なのかもしれない。

純米ではない本醸造の酒なので、私が普段飲んでいる酒に近い味わいで、親近感を覚える。ちびちび味わって飲むより、遠慮なくグイッと飲める酒だ。味が濃いどて煮との相性も上々だ。どて煮は、牛スジや豚モツ、野菜などを八丁味噌などで煮込んだ名古屋の郷土料理。鍋の内側に味噌を土手状に盛り、その内側に具材を入れて煮込むことからどて煮と呼ばれる。大阪にも似た料理が根付き、出自は同じであると考えられるが、大阪では「どて焼き」と呼ばれることが多い。関東の一般的なモツ煮よりも水気が少なく、味噌が濃い。赤味噌を使っていることから、香ばしさが強いのも特徴だ。仕上げにのせる生ネギが、辛みや苦味のアクセントを加える。

乗降者が多い駅のホーム上だから、常連客だけでなく流しの客も多く入る。自然と、一見客でも利用しやすい雰囲気になる。実に安心感のある駅酒場だ。青春18きっぷで旅をすると、名古屋駅で乗り換えや乗り継

どて煮は、日本酒だけでなくビールや酎ハイにもよく合う

ぎが発生する機会は、実はあまり多くない。東海道本線は豊橋から大垣まで直通する便が多いし、中央本線への乗り換えなら名古屋駅より金山駅の方が駅構造がシンプルで便利。名古屋で乗り換えるのは、関西本線を使うときくらいだろうか。それでも、ホームの駅酒場には途中下車をしてでも寄りたくなってしまう。なぜなら、列車を下りれば目の前に店があり、すぐに一杯やれるのだから。飲みたい時にすぐ飲める。果たして、これに勝る駅酒場の魅力があるだろうか。

コストパフォーマンス最強のハイカラセット ~神宮前駅~

中京圏の私鉄の話題もひとつ取り上げておこう。先述したとおり、中京圏の駅には、総じて駅ナカ店舗が少ない。特に私鉄は、JR以上にその傾向が強い。しかし、皆無というわけではない。名鉄沿線には、現存するのは金山駅と神宮前駅の2店舗のみではあるが、電鉄系列の駅そばもある。このうち金山駅の「かどや」はホーム上の島式店舗で、名古屋駅「住よし」と店舗特性が近似しているので割愛。ここでは、神宮前駅の改札内コンコースで営業する「麺坊かどや」を取り上げたい。

金山駅の店舗は立ち食いだが、神宮前駅は椅子席多数。落ち着いて飲み食いできる

神宮前駅は、名古屋本線から常滑線が分岐する、名鉄の主要駅。かつては、乗換駅として多くの旅客がコンコースを行き交っていた。しかし、1990年に神宮前・金山間が複々線化されて常滑線の列車が金山駅まで乗り入れるようになると、神宮前駅は乗換駅としての機能が薄れ、コンコースの人影が目に見えて減少した。これは、駅そばにとっては死活問題である。皮肉なことに、駅そばは鉄道が便利になればなるほど商機を失っていくのである。

この窮状に対する打開策が、酒類提供の強化だった。つまみになる料理にも力を入れ、店内仕込みの鶏唐揚げや串カツは、出入口脇の専用窓口でテイクアウト販売も行う。なかでも、ハイボールと鶏唐揚げ（3個）に加えて枝豆まで付く「ハイカラセット」は、650円という廉価での提供も話題を集め、好評を博している。650円でも充分すぎるほど安いのだが、毎週金曜にはなんと500円での提供となる。駅そばでも、ちょっと豪華なトッピングをのせればあっという間に500円を超えてしまうご時世である。よくぞこの価格での提供が実現できたものだと感心するばかりだ。

安いだけでなく、味も確かだ。鶏唐揚げは店内仕込みで、揚げたてを提供。アツアツでジューシーで、塩コショウとベストマッチ。千切りのキャベツが一緒に盛られるから、箸休めもできる。ハイカラセットだけで店を出たのでは申し訳なく思えてしまうので、串カツも追加。こちらも揚げたての提供だ。衣はサクサクで、肉質はやわらかい。油切れもよく、とても食べやすい仕上がりだ。鶏唐揚げ3個と串カツ3本を食べきっても、胸が焼けることはまったくなかった。串カツは、3本で340円。スーパーマーケットで売られている揚げ置き惣菜より安い設定なのだ。テイクアウト窓口では10本単位でまとめて買っていく人も少なくないそうだ。

安くボリューミーなメニューが多いので、
お腹いっぱいまで安心して食べられる

飲めば飲むほど、食べれば食べるほど、こんなに安くていいのかと後ろめたさがこみ上げてくる。だから、最後にはかき揚げきしめんまで注文してしまった。これで、やっと1500円を超えた。このくらいで、勘弁していただこうか。店を出る際に、店頭に掲示されたメニュー表をちらと見やると、鶏唐揚げを10個も盛りつけた倍盛り鶏唐揚げ定食や、どて煮をご飯にのせた「どて丼」など、ご飯もののメニューも充実していることに気づく。この小さな店舗のどこにこれほどの底力が宿っているのだろうか。

元気な飲食店に入ると、私自身も元気になれる。また名鉄に乗る機会があったら、途中下車をしてでも寄らせていただくことにしよう。

"伊勢へ"、世界へ羽ばたく ～賢島駅～

第3章の最後には、中部地方より近畿地方のイメージが強い近鉄からひと駅。大阪を中心に紀伊半島のほぼ全域に路線を張り巡らせている近鉄。その路線長は全国の私鉄中最長で、５００kmを超える。５００kmというと、東海道本線なら東京から大津あたりまでに相当する。

これだけ長く線路を伸ばせば、大阪や京都といった大都市への日常的なアクセスルートだけでなく、ローカル線のムードが漂う長閑な路線も含まれてくる。私が個人的に旅情を色濃く感じるのは、吉野線と志摩線だ。どちらも名高い観光地へ続く路線だから乗客は決して少なくないのだが、終着駅にたどり着くまでの道程はローカルそのもので、鉄道旅の魅力を実感できる。

というわけで、今回は近鉄志摩線の終着である賢島駅が舞台だ。賢島は、真珠の養殖で名高い英虞湾《あごわん》に浮かぶ島。周囲は海岸線が複雑に入り組んだリアス式海岸で、小島が無数に浮かぶ風景が美しく、観光船での湾内クルーズなどが人気の的になっている。そして最近では、２０１６年にG7伊勢志摩サミットが開催されたことでも知られる。

賢島駅自体も、観光の的になっている。２０１２年にリニューアルされた特急「伊勢志摩ライナー」に加え、コンパートメントの個室やカフェカーを連結する近鉄特急「しまかぜ」も発着する。車体カラーは、伊勢志摩ライナーが黄色と赤の2種類。しまかぜは青。3面5線あるホームでは、運がよければ特急列車のトリコロールを眺めることもできるのだ。特に人気が高いのは「しまかぜ」で、入線時には改札沿いに人だかりができる。私はもっぱら鈍行派なのだけれど、「しまかぜ」には一度乗ってみたいという願望が湧く。

近鉄特急揃い踏み。左から、しまかぜ、しまかぜ、伊勢志摩ライナー（赤）、伊勢志摩ライナー（黄）

光が射すと、“伊勢ペ”は赤味を帯びた金色に輝き、神々しいとすら感じる

駅舎の2階には、伊勢志摩サミット開催の翌2017年に、サミット記念館「サミエール」がオープンした。各種展示資料などを無料で見学できるほか、窓際の席からトレインビューを楽しめるカフェも併設している。このカフェメニューの中に伊勢志摩サミットで各国の首脳や報道陣のおもてなしに提供された地ビールがあるとなれば、飲んでみたくなるのではないだろうか。

件のビールは、伊勢市にあるブルワリー・伊勢角屋麦酒のペールエール。クラフトビール愛好家の間では〝伊勢ペ〟で通るほど名高いもので、権威ある国際的なコンクールでもたびたび金賞に輝いている。合わせるフードは、サミット参加国に因んだ食材を使っているというサミットドリアセットを選択した。

まずは、ビールをひと口。ペールエールに特有の確固たる苦味が走り、その後から柑橘類を思わせる酸味と香りがふわりと追いかけてくる。苦味があるぶん、柑橘の実というよりは皮のイメージに近いだろうか。ペールエールではなく〝ピールエール〟と呼びたくなる味わいだ。これは、グビグビと呷るように飲むのではなく、口の中で少し転がすようにしてしっかり味わって飲みたい一杯だ。

サミットドリアセットは、ソーセージドリア、パンケーキ、サラダ（ジュース・スープ・サラダの中から選択）のセット。チーズが濃厚なドリアは、味わい豊かなペールエールによく合う。このコンビに出合うと、ラガービールでは少し物足りなく感じるようになってしまうかもしれない。もちろん、ラガービールにも喉ごしやキレといった長所がある。押しなべてエールの方が良いということではなく、時と場合によって飲み分けるのが最善だろう。ただし、エールとラガーを両方扱う駅酒場は少ない。ここに選択肢があるといいのになぁと思うのだが、それは贅沢というものだろうか。

第四章

関西の駅酒場

無料のイリコは最高の肴 ~京都駅~

3月。約3年ぶりに降り立った京都駅は、大きく様変わりしていた。特段駅舎がリニューアルされたわけではない。ただ、駅内外を行き交う人々が大幅に増え、まるで別の駅にいるかのような錯覚にとらわれた。前回京都駅で下車したのは、2020年2月。コロナ禍に突入して間もないタイミングで、まだコロナウイルスの全容すら解明されていなかった。人々は、戦う相手の正体もわからないまま、漠然とした恐怖を抱えて過ごしていた。「コロナにかかると、ウイルスに内蔵を食いちぎられる」などというデマも飛び交っていた時期だ。京都駅に外国人観光客はほとんどおらず、たまに外国人を見かけても、声をかけてみると流暢な日本語が返ってくる。いわゆるインバウンドではなく、日本に在住している外国人だった。

それが、今ではすっかりコロナ前の賑わいを取り戻している。第2章で取り上げた品川駅とは違い、京都駅はほぼコロナ前に近い水準まで乗降者数が戻っている。ビジネスマンの利用が多い駅か、観光客の利用が多い駅か。この差が如実に表れているのだろう。

改札のすぐ近くで、とても人通りの多い場所にある店

これだけ利用者のある駅だから、駅酒場もたくさんある。ましてや観光客の利用が多い駅なのだから、ご当地性を前面に出した店や、デモンストレーション性に富む店も多い。しかし、その中で私が向かったのは、地下東口改札のほぼ真向いで営業する「つくもうどん」だった。

思えば、3年前に当駅で下車した時も、目当てはこの店だった。2018年にオープンしたセルフうどん店に、私はすっかりはまってしまっているのだ。京都のご当地うどんであるけいらんうどんや、味わいの異なる2層のカレールーに驚くカレーうどんなど、特徴あるメニューを提供している。とはいえ、廉価なセルフうどんである。なぜ、私がここまでこの店に肩入れするのか。そこには、この店の来歴が深く関わっている。

「つくもうどん」の運営会社は、かつて改札内の跨線橋上で「門左衛門 麺串」という駅そばを営んでいた。名目上は駅そばだけれど、実態はなかば立ち飲み屋だった。揚げたての串揚げをつまみに立ち飲みを楽しめる、実に便利で使い勝手のよい店だった。立地が良いこともあり、朝6時の開店から夜23時30分の閉店まで、いつ行ってもほぼ満席。これだけ客数の多い店でよく酒類の提供ができたものだ。飲み客は店内滞在時間が長いという点を考慮しても、当時のＪＲ西日本管内の駅そばでは3本の指に入るであろう多客店だった。３本指の残る2軒は、新大阪駅「浪花そば」と天王寺駅「天王寺うどん」だ。２０１５年頃まで、私はこの３店を関西の〝駅そば三銃士〟と位置付けていた。


このうち「天王寺うどん」は、駅構内リニューアルに伴い２０１６年に閉店。運営会社も吸収合併されており、現存しない。次いで、「門左衛門 麺串」が２０１８年に閉店。そして最後に残った「浪花そば」も、コロナ禍突入後の２０２１年に突然閉店した。当時は閉店理由が告知されず、ファンの間では様々な憶測が飛び交った。結論を言うと、運営会社の経営破綻だった。その後、別会社が同じ店名で店舗を引き継いでいるが、味やメニューは一新されており、コロナの影響もあるのか以前ほどの混雑はみられなくなっている。〝駅そば三銃士〟は、わずか5年ほどの間にすべて実質的に姿を消してしまったのである。


京都駅には、「門左衛門 麺串」の閉店と前後して、同じ会社が運営する「つくもうどん」がオープンしている。運営会社を取材したところ、

「改札内の店舗はフロアが狭かったので混雑が激しすぎて、やりたいことがあまりできなかった。地下改札外にちょうどよい広さの物件が見つかったので、移転することにした」

とのこと。単純閉店ではなく、業態変更を伴う移転だったのだ。

イリコは、客が自分で好きなだけ取れるように用意されている

かつての〝駅そば三銃士〟はすべて閉店し、新大阪と天王寺にいたっては運営会社も消滅している。唯一運営会社が残り、移転・業態変更しつつも営業を続けているのが「つくもうどん」だ。だから、駅そば研究をライフワークとしている私にとって、「つくもうどん」は軽視できない存在なのだ。

駅そば時代に立ち飲みが名物だっただけに、「つくもうどん」でも生ビールを提供している。ちょい飲みセットも複数種類設定されている。うどん店なのに、なぜかビールと餃子のセットまである。これも面白いが、うどん店ではうどん店ならではのつまみを選んだ方が、新たな仕入れが発生しないぶんコストパフォーマンスが上がるはずだ。そう考えた私は、とり天、ちくわ天、そしてサツマイモ天が付く「天ぷらビールセット」をいただくことにした。これに、無料サービスのイリコも付ける。620円とは到底思えない、豪華なちょい飲みセットの完成だ。

無料のイリコは、うどんつゆの出汁に使ったものだ。客としては、無料で一品料理が一皿増えることになり、文句なくありがたい。店側としても、生ゴミの低減につながるだけでなく、粉末の出汁パックではなくイリコをまるごと使っていることをアピールする機会となる。店と客の双方にとって大きなメリットがあるサービスなのだ。このイリコは、長崎県の九十九島産のカタクチイワシ。九十九島近海は、複雑に入り組んだリアス式海岸に暖かい対馬海流が流れ込み、穏やかでプランクトンが豊富である。プランクトンを餌とするカタクチイワシも多く集まり、イリコの産地として名高い。

出汁を取ったあとのイリコは、やわらかくて食べやすい。1尾1尾丁寧にワタを取り除いてあるから、エグ味もない。少々残る生臭みは、醤油を数滴垂らすことで中和される。その気になれば、イリコだけで1杯飲めてしまうだろう。

うどん店やそば店では、このように出汁に使った食材を提供すること

とり天はサイズが大きく、食べごたえ充分。おろし生姜が添えられる

がある。イリコのほかには、昆布や鰹節、椎茸といった例がある。昆布は、細切りにしてトッピングに。鰹節は、乾燥させてミキサーにかけ、粉末状にして白飯のふりかけなどに。椎茸は、味をつけて有料のトッピングとして設定することが多いだろうか。いずれにしても、このような食材を提供している店は、出来合いのつゆや出汁パックではなく天然素材の出汁にこだわっているので、そばもうどんも間違いなく美味い。店選びの際には、おおいに参考になるだろう。

酒場タイムは14時から。夜を待たない二毛作店 ~大阪駅~

第2章で、黄金町駅の「えき缶酒場」を紹介した。朝昼は駅そば、夕方の16時以降は缶詰料理を中心に提供する立ち飲み駅酒場になる〝二毛作店〟だ。時間帯によって業態を変えることでニーズに合うよう工夫し、一日を通して安定した客数を確保できる手法である。高度な運営が必要になるものの、うまく需要の波をとらえることができれば相乗効果を生み出すことができる。そんな二毛作の駅酒場は、首都圏だけでなく大阪にもある。

大阪駅改札内の中央コンコースに店を構える「麺亭しおつる」は、14時を境にそばタイムから酒タイムに変貌する。「えき缶酒場」より2時間早い切り替わりだ。これは、異例とも言える早さである。街なかも含めて、二毛作店では16時か17時に夜業態へ切り替わることが多い。「大阪の人々は16時や17時まで酒を待てない」と言いたくなる人もいるだろうか。

しかし、私はこの2時間の違いにも駅ナカ特性があるように感じる。夜営業を14時に始める店は珍しくても、実は昼営業を14時に終える店は特段珍しくないのだ。多くの飲食店において、14~17時はアイドルタイムである。そのため、街なかの二毛作店では、このアイドルタイムを中休みとすることが多い。しかし、アイドルタイムにも列車は走り続けており、駅ナカの飲食店には一定の需要が発生する。そのため、駅そばも駅酒場も、中休みを設けずに通し営業をすることが多い。

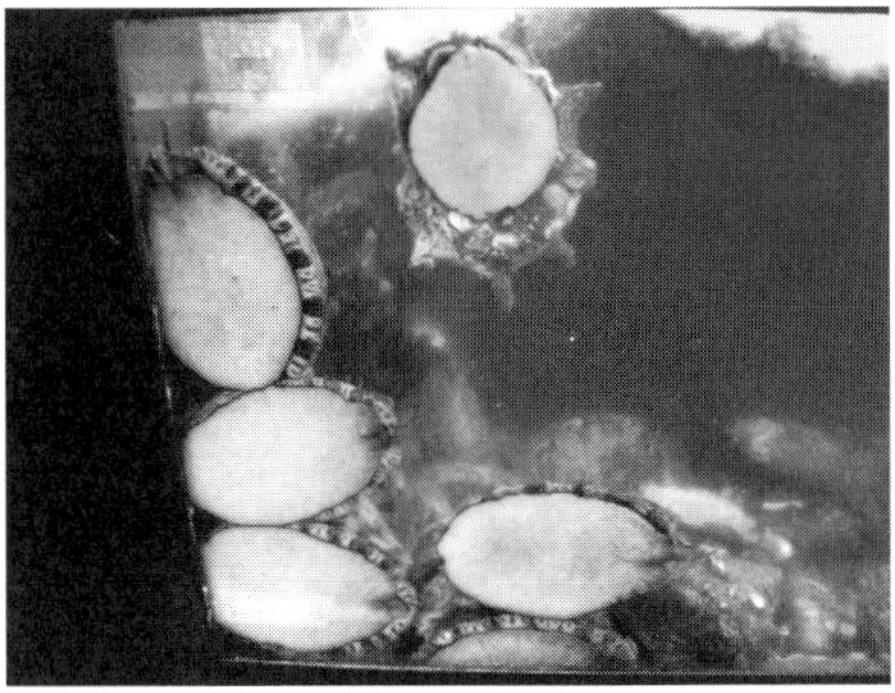

店内の生簀。アワビはガラスに吸着する性質があるようだ

その場合に、アイドルタイムには昼メニューを出すのか、それとも夜メニューを出すのか。黄金町「えき缶酒場」と大阪「麺亭しおつる」では、ここの判断が違っているだけなのである。中休みなしでの二毛作。これも、駅酒場の特徴のひとつと言えるのではないだろうか。

「麺亭しおつる」の夜メニューは、新鮮魚介を使った料理が売りだ。店内には生簀があり、アワビやクルマエビなどの高級食材を、注文を受けてから捌く。活造りだから、鮮度は抜群だ。それでいて、値段が信じられないくらい安い。アワビをひとつまるごと使った各種料理が、どれも４２０円だ。クルマエビのおどり造りは、なんと２２０円で味わえる。ドリンクは一部を除いて４２０円均一だから、１０００円あれば新鮮魚介と酒を両方楽しめる計算になる。

訪問が19時頃だったので、店内は大盛況だった。幸運にも空いていた横並び席の一角に腰を下ろし、アワビの醤油バター炒めと生ビールを注文する。ビールは、淡色のいわゆる〝中生〟に加えて黒生、そして両者を合わせたハーフ＆ハーフがある。恵比寿駅「ＴＡＰＳ　ＢＹ　ＹＥＢＩＳＵ」では濃色麦芽のビール同士を組み合わせた「ビアブレンド」を飲み、「機会があれば濃色と淡色の組み合わせを試してみよう」と思っていたところだった。ちょうどいい機会だ。ヱビスビールではなくアサヒビールになるが、ハーフ＆ハーフを飲んでみよう。そして、アワビは調理に時間がかかるだろうと予測し、すぐに提供されそうな枝豆も追加オーダーする。

案の定、先にビールと枝豆が運ばれてきた。ビールは、恵比寿で飲んだものより少し透明感があり、烏龍茶のような色合い。淡色ビールと黒ビールのどちらに近いかといえば、黒ビールに近い。朱に交われば、赤くなる。ビールも、黒に交われば黒くなるということか。ただ、飲んでみると、一般的な黒ビールより喉ごしがよく、苦味や甘みも軽い。語弊を承知で表現すると、黒ホッピーに近い味わいであるように感じた。

ビールを半分ほど飲み進め、殻ばかりになった枝豆を指でつまんでは殻だけであることを確認して皿に戻す。そんなタイミングで、アワビの醤油バター炒めが登場。アワビをスライスして、タマネギやエリンギと一緒に炒めた料理だ。レタスを敷き、その上にアワビの殻を料理と一緒に盛りつけている。アワビはひとつまるごと使っているのだが、サイズは小さめである。アワビだけを炒めたのでは料理として貧相になってしまうため、食感の近いエリンギや甘みを生み出すタマネギと合わせて嵩増しをしているのだろう。それでも、コリコリとしたアワビに特有の食感はしっかり感じられる。420円での提供なら、文句など口を突くはずもない。

アワビの醤油バター炒め。黒コショウがピリッと利いている

しかし、中には、あまりにも安すぎる設定に「これはアワビではなくトコブシだ!」と言い張る客もいるそうだ。トコブシは、アワビと同じミミガイ科の貝。主に煮付けなどで食用される。食感も風味も比較的似ているのだが、アワビの方が甘みに富み、コリコリとした歯ごたえが強い。一般的にアワビよりひと回り小さいので、小さめのアワビはトコブシと勘違いされることが多い。

両者を見分ける最大のポイントは、殻に空いた孔の数。この孔は、排泄物や精子・卵子などを海中に放出するためのもので、アワビは4~5個であるのに対し、トコブシは6~8個と異なる。そして、皿に盛られた殻を見てみると、孔の数は5個だった。これは、正真正銘のアワビなのだ。きっと、わざわざ殻を一緒に盛りつけているのは、見栄えが良い

ビールと枝豆は、定番中の定番。
迷ったら、まずはこの組み合わせだ

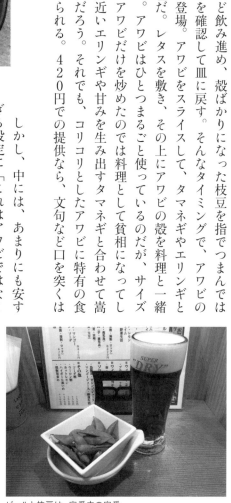

だけでなく、本物のアワビであることをアピールする狙いもあるのだろう。
狭くて混雑が激しく、長居には向かない店。それなのに、何度来ても心底満足できる。東京住まいの私でも、今回が4度目の訪問である。この店が東京にあったら、毎日寄りたくなってしまうのではないだろうか。仕事がそっちのけになってしまいそうだから、私にとっては年に数回訪れる大阪にあるくらいでちょうどいいのかもしれない。

ワンコイン＋αで、気軽にみちくさ　～天王寺駅～

先ほど、かつて天王寺駅の改札内コンコースにあった駅そば「天王寺うどん」は、関西の〝駅そば三銃士〟のひとつだったと書いた。では、２０１６年に閉店した後、天王寺駅の駅そば情勢はどのように変化したのだろうか。

まず、コンコースとは別に阪和線ホームにあった「天王寺うどん」は、ＪＲの系列会社に引き継がれ、「麺家」に生まれ変わっている。コンコースの店舗は、東口改札の脇に場所を移して、２０１８年に阪和線ホームと同じＪＲの系列会社の店舗「麺家みちくさ」として復活を果たしている。東口は、近鉄の大阪阿部野橋駅との相互乗り換えに便利な改札口。とはいえ、駅全体から見ると東の端であり、跨線橋を通ってＪＲ同士で列車を乗り換える人々は店の前を通らない。「天王寺うどん」時代に比べて、店舗前の流動人口はだいぶ減ってしまった。

だからこそ、「麺家」ではなく「麺家みちくさ」としての復活だったのだろう。酒類を扱わない「麺家」とは対照的に、「麺家みちくさ」は酒類に力を入れた業態だ。そば・うどん半分、酒類半分と言ってもいい

麺類と酒類とで、提供窓口が別になっている

くらいのラインナップで、酒類とつまみがセットになった「みちくさセット」や「ほろ酔いセット」の設定もある。人通りの少ない場所へ移転したことで、店内滞在時間が長くなる酒類メニューを扱いやすくなったのだろう。もっとも、混雑が激しかった「天王寺うどん」時代にも酒類やほろよいセットの提供はあり、私自身も夜行バスに乗る前の寝酒によく利用していた。単純にこの店舗特性を承継したという見方もできそうではある。

タッチパネル式の券売機には、ドリンクの括りで独立したページが設定されている。生ビールが400円で、200円のつまみを1品付けられる「みちくさセット」が520円。この設定なら、みちくさセットの方がだいぶお得だ。酒は生ビール、酎ハイ、梅酒、ハイボール、焼酎からの選択。日本酒を選べるのなら日本酒にしたかったが、残念ながら日本酒はセットの対象外。では、生ビールにしよう。つまみは、アジフライを選んだ。

余談だが、近年の駅そばでは、この店のようにタッチパネル式の券売機を導入するケースが増えてきている。これは、諸刃の剣であるように思う。従来のボタン式券売機は、ボタンの数が50を超えることもあり、食べたい（飲みたい）メニューのボタンを探すのが大変だった。その点、ジャンルごとにページが分かれているタッチパネル式であれば、各ページのメニュー数が絞られているので探しやすい。これは利点だと思う。しかし、全メニューの一覧表示を確認できないというデメリットもある。たとえば、そばメニューとご飯ものメニューを比較して選びたいときなどには、操作が複雑でたいへん面倒なのだ。券売機とは別に全メニューの一覧を掲示してくれればこのデメリットを解消できるのだが、残念ながら掲示されていない店が多い。また、タッチパネルの操作に慣れていない高齢者などにとってもあまり使い勝手がよくないようで、券売機の

店内には立ち席と椅子席がある。ちょい飲みなら、サッと出られる立ち席の方が使いやすい

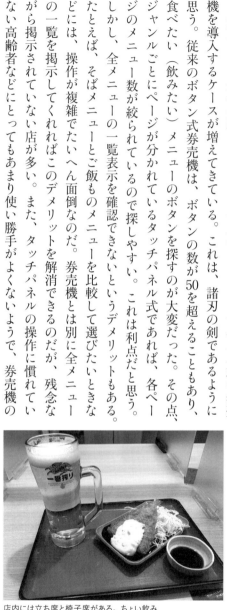

操作に時間がかかって後続の行列が長く伸びるシーンをよく見かける。便利な最新機器を導入するのは結構だが、アナログ派に対する一定の配慮も必要だと思う。

さて、アジフライは注文を受けてから揚げるので、アツアツでとても美味しかった。タルタルソースをかけてあり、別皿で中濃ソースも提供。味が濃いから、ビールがよく進む。箸休めができる千切りキャベツが盛られていたのもありがたかった。520円のセットとしては文句なしのパフォーマンスだ。

惜しむらくは、生ビールだけ先に提供されて、アジフライの出来あがりを待つ間に泡が半分になってしまったこと。これぱかりは、客の回転が速い駅そばではいかんともしがたいところか。こちらのお客はビールを先に、あちらのお客はビールをつまみと一緒に、などといった個別対応をする余裕はないのかもしれない。客が自ら提供タイミングを読んで、メニューを選択するのがベストだろう。ビールではなく焼酎か梅酒、あるいはアジフライではなく枝豆か出汁巻き玉子を選べばよかっただろうか。天王寺発の夜行バスに乗る時にでも、いろいろな組み合わせを試してみよう。

駅ナカの立ち飲み屋も、しっかり〝大阪価格〟～京橋駅～

駅の北東側には、昭和の雰囲気を色濃く残した雑多な繁華街。南西側には、高層ビルが林立する大阪ビジネスパーク。ＪＲの線路の東と西とで雰囲気がガラリと変わる光景は、烏森の繁華街と汐留のオフィスビル群が対峙する新橋駅によく似ている。その一方で、京橋駅は大阪環状線のほか片町線・東西線、私鉄の京阪に大阪メトロも接続する鉄道の要衝でもある。乗降者数は、大阪環状線内では大阪駅、天王寺駅に次いで3番目に多い。ＪＲと京阪は一度駅の外へ出て乗り換えることになるため、ＪＲの北口改札周辺がたいへん混雑する駅でもある。

利用者が多いにもかかわらず、ＪＲの京橋駅には駅ビルが併設されていない。大阪環状線ホームから片町線・東西線ホームへの乗り換え通路も複雑で分かりにくく、なんとも古臭いイメージが残る構造の駅である。

気取らない雰囲気の店舗。生中は280円の激安設定だ

繁華街や住宅地が駅のすぐそばまで迫っているから、駅ビルを建設するためには周辺一帯の再開発が必要になりそうだ。地権の問題なども複雑に絡んで、開発が難しいのだろうか。立派な駅ビルを擁している京阪の駅舎とは、大違いだ。考えてみれば、大阪環状線には駅ビルや駅ナカモールを備えた駅が少ない。ＪＲと南海が接続する新今宮駅も、駅ナカが賑やかなのはもっぱら南海だ。京橋駅でも、魅力的な駅酒場「七津屋」に出合えたのは、京阪の駅ナカだった。

京阪京橋駅は、ちょっと変わった構造である。京阪の線路はＪＲ大阪環状線を跨ぐためだいぶ高いところを通っており、駅ビルの4階がホーム階になる。このような駅構造の場合、改札はホーム直下の3階に設置されることが多い。駅ビルの1階や2階は改札外のゾーンとなり、テナント店舗などで賑わう形だ。

しかし、京阪の中央改札は1階に設置されている（2階と3階にも片町口改札と京阪モール連絡改札がある）。このため、京阪からＪＲへ乗り換える人々は、4階から1階まで直通する〝ロングエスカレーター〟を利用して改札へ向かうことになる。2階や3階にだだっ広い改札内コンコースが生まれる構造なのだ。

したがって、この駅では改札外より改札内に商機が多く生まれることになる。「七津屋」が営業するのも、改札内の3階コンコースである。ロングエスカレーターが通過する2階や3階のコンコースは、それほど人通りが多いわけではない。朝夕を除くと、どちらかといえば閑散としている。そのような場所にある立ち飲み屋は珍しく、穴場感がひしひしと漂う。改札内のエアポケットという点では、第2章で紹介した上野駅「ＨＩＧＨＢＡＬＬＳうえのステーション」に通じる部分がある。

店のオープンは、２０２１年11月。京橋駅前の雑多な繁華街で１９６４年に創業した立ち飲み屋が、コロナ禍に入ってから駅ナカへ進出したケースだ。先述のとおり、飲食店にとってコロナの影響は絶望的に大き

格安店でも、きちんと厨房内で仕込み、調理している。手作り感があるのも嬉しい

かった。夜間営業の自粛が呼びかけられた期間もあり、酒を伴う飲食店は特に大きなダメージを受けた。客単価が安く、薄利多売が前提となる立ち飲み屋ならなおさらだ。

この苦境を打開するために、昼間から一定の需要が見込める駅ナカへ進出または移転するケースは、本書でもこれまでにいくつか実例を紹介してきた。「七津屋」も、コロナ禍に入った2020年以降に大阪駅直結の地下街と京橋駅構内に出店。別業態の店舗も天王寺駅直結の地下街と阪急梅田駅（阪急三番街）に出店している。コロナ禍突入後に、駅ナカもしくは駅ナカに準じる場所への出店ペースが加速しているのである。

正午の開店直後の訪問とあって、店内に先客はひとり。にもかかわらず、ふたりの女性店員は忙しそうに動き回っている。仕込み作業をしながらの営業開始なのだろう。客席は、厨房と対峙する立ち飲みのカウンター席と、壁際に増設された立ち飲み席、そして一番奥にはハイチェアーの2人掛けテーブル席もある。立ち飲みを標榜しつつ椅子を配置している点は、客層の幅が広い駅ナカ店舗らしい部分だろうか。全体的にゆったりした造りで、場末の立ち飲み屋のように背後の客と尻がぶつかるようなことはなさそうだ。私は、カウンターの立ち飲み席に陣取る。カウンターに空きがあるタイミングなら、ひとり客はカウンターを利用した方が提供がスムーズなはずだ。

まずは、喉を潤そう。ガリ酎ハイと、作り置きがありそうな小アジ南蛮漬けを注文（巻頭カラー写真参照）。ガリ酎ハイは、寿司屋で箸休めに出される生姜の甘酢漬けを酎ハイに入れたものだ。独特な甘酸っぱさが酎ハイに広がり、ガリ自体もつまみになる。一石二鳥の酎ハイと評判を呼び、大阪一円に普及している。言わば、大阪のご当地酎ハイだ。発祥は心斎橋の居酒屋だそうで、意外にもその歴史は15年ほどと新しい。わずか15年で大阪のほぼ全域に普及し、大手串カツチェーンがメニューに取り入れたことで全国にも広まりつつある。第2章で紹介した品川駅「スタンドひおき」にもラインナップされていた。

これに対して、小アジ南蛮漬けも甘酢の甘酸っぱさが特徴のつまみ。酒とつまみの味覚的な方向性が似たものになってしまったなと、私は苦笑い。ただ、大阪では紅生姜天でガリ酎ハイを飲む人も多いようだから、あながち間違った組み合わせでもなさそうだ。

飲み始めてすぐに、2品目のつまみをオーダーしておく。調理に少し時間がかかりそうなホルモン焼きを食べたかったので、早めに注文しておかないと酒がなくなってしまう。

この頃になると、ガラガラに空いていた店内にちょこちょこと客が入り始める。立ち飲み屋はサラリーマンの利用が多いイメージだが、真昼間のこの時間に入店してくるのは学生風の若い男性ばかりだ。街なかの立ち飲み屋でも、洋風のビアバーなどでは若年層が主体となることはある。しかしここは、新しくて清潔感があるとはいえ、昔ながらの大衆立ち飲み屋。若い人の間でも結構需要があるものなのだなと、少し意外に感じた。

ガリ酎ハイを飲みきり、ジョッキの中に残ったガリも箸でこそぎ取って食べる。そして2回戦の日本酒を注文したところで、ホルモン焼きが出来あがった。グッドタイミングだ。ホルモン焼きは、モヤシとホルモンを一緒に炒め、皿にこんもりと小山が築かれた状態で提供された。廉価提供の立ち飲み屋では、モヤシなどの安価な食材を使ってボリューム感を演出することがよくある。予想外のボリュームに歓喜しつつ、奈良の地酒「豊自慢」をいただく。升の中にグラスを入れ、グラスになみなみと酒を注いで少しこぼれさせる立ち飲み屋スタイル。これこれ。立ち飲み屋はこうでないと。少し濁りのある酒で、癖がありそうだなと思って飲んでみると、なんともすっきりした味わい。本醸造ということもあり、ぐいぐい飲める軽さが特徴だった。

ホルモン焼きと日本酒。内臓肉を使った料理は、立ち飲み屋の定番だ

酒2杯と料理2品で30分ほど滞在して、会計は1110円。駅ナカはテナント料が高いだろうに、この設定で大丈夫なのかと心配になるほど安い。この気軽さと安さが、大阪の立ち飲みの大きな魅力である。いわば、〝大阪価格〟。東京の駅ナカでは、ちょっと考えられない価格設定だ。大阪は、駅そばも東京より安い傾向にある。駅酒場の世界でも、同じことが言えそうだ。

オリジナルサワーで大阪環状線を一周 ～新大阪駅～

期せずして、〝駅そば三銃士〟があった駅をすべて取り上げることになった。京都、天王寺、そしてここ新大阪。新大阪駅の「浪花そば」は、三銃士の中で唯一、店名を変更することなく現在まで存続している。しかし、以前と比べて利用者はだいぶ減ってしまったようである。私が訪れたときには、客席は半分も埋まっていなかった。私は直感的に、その原因は運営会社が変わって味もメニューも別ものになったためだと考えていた。しかし、どうもそれだけではなさそうだ。

新大阪駅の改札内外には、2015年に駅ナカモールのエキマルシェ新大阪が整備された。以前と変わらぬ場所で営業を続ける「浪花そば」も、2015年からはエキマルシェ新大阪内の店舗に位置付けられている。そのため、エキマルシェ新大阪の整備に伴い2013年に一度閉店し、2015年に復活オープンした歴史がある。2013年の閉店時には、多くのファンが告知の貼り紙に閉店を惜しむ声を書き連ね、貼り紙がメッセージボードのようになっていた。それほどの人気店だったのだ。

エキマルシェ新大阪には、新規の飲食店やテイクアウトグルメ店が多数参入した。特に改札内のエリアには37もの店舗からなる横丁風のグルメストリートが整備され、新たな賑わいの場となった。「浪花そば」にとっては、突然30を超えるライバル店が出現したことになる。この時点で、客足は流出し始めていたのかもしれない。

「浪花そば」の脇から細い通路に入った先が、ちょっとした飲み屋街である。まず左手に、間口の広い串揚げビアバー「VIA BEER OSAKA」。通路が左へ折れる突き当りに、立ち飲み形式の日本酒バー「逢酒場ちろり」。左へ折れた先に、点心と酒の「点天バル」。いずれも間仕切りを開放した店舗で、ちょい飲みに便利だ。

ちょい飲みといえば、この中の「逢酒場ちろり」で、私は初めて〝サク飲み〟というフレーズを目にした。東京ではほとんど見も聞きもしない言葉なのだが、この後関西地方の駅酒場を巡る中で、他の店でもこのワードが用いられていることに気づく。〝ちょい飲み〟と同義なのかと思いきや、「逢酒場ちろり」では「サク飲みセット」とは別に「ちょい飲みセット」の設定もある。どうやら、意味が異なるらしい。

店員に聞いてみたところ、サク飲みはちょい飲みよりもっと軽く、ほんの1杯だけ飲んで出ることを指すそうだ。だから、「逢酒場ちろり」のサク飲みセットはドリンク1杯とつまみ1品、ちょい飲みセットはドリンク2杯とつまみ1品という内容になっている。しかしこの定義は店ごとに異なっているようで、あいまいな部分が多い。したがって、本書では一般呼称としてサク飲みという言葉は用いず、1杯でも2杯でも「ちょい飲み」と表記させていただく。

間口が広く、開放的な雰囲気。立ち飲みではなく、カウンターにも椅子がある

私が入ってみることにしたのは、「VIA BEER OSAKA」。ただし、ビールを飲みたかったわけではない。私の目当ては、オリジナルのサワー「環状線シリーズ」だった。この店では、大阪環状線（プラス新大阪駅）の各駅にちなんだサワーを独自に設定しているのだ。これはとても面白いので、最初に全部列記しておこう。

・新大阪駅：辛口生姜サワー……エナジービジネスマンからの連想
・大阪駅：レモンティーサワー……おしゃれシティからの連想
・大正駅：シークワァーサーサワー……沖縄料理店が多い街

・新今宮駅：ガリチューハイ……ガリ酎ハイを世に広めた串カツ店が多い街
・天王寺駅：ラムネサワー……昭和レトロの街をイメージ
・桃谷駅：すりおろし白桃サワー……駅名のとおり、かつて桃畑が広がっていた街
・鶴橋駅：チャミスルグレープサワー……コリアンタウンで知られる街
・大阪城公園駅：ブラッドオレンジサワー……燃え上がる武将魂からの連想
・京橋駅：赤紫蘇サワー……下町の飲み屋街からの連想
・桜ノ宮駅：さくらサワー……駅近くに花見の名所がある
・天満駅：うめサワー……大阪天満宮は梅の名所

どうせなら環状線の全駅を網羅してほしかったという思いもあるが、ここまで揃えただけでも立派なものだろう。私はこの中から、物珍しさもあって桜ノ宮駅のさくらサワーをいただくことにした。つまみは、串揚げから淡路玉ねぎと泉州水なす、ウズラベーコンをチョイス。近畿地方特産の野菜に、1本だけたんぱく質を加えたラインナップでまとめた。串揚げは焼鳥と同じように、調子よく食べていると値段が跳ね上がるから、注意が必要である。3本で止めておこう。

シロップをわざわざ別提供するのは、香りを楽しんでもらうためか。絵面が、やや寂しい

さくらサワーは、プレーンの酎ハイとピンク色のシロップが別々に提供された。シロップに鼻を近づけてみると、確かに桜の花びらのような香りがする。人工的な香料だろうけれど、趣向としては面白い。欲を言えば、シロップに桜の花びらを1枚か2枚浮かべてくれたらなお良かった。かつて京葉線新検見川駅にあった駅そばがご当地メニューとして提供していた「花見川そば」には、桜の花びらの塩漬けがトッピングされていた。駅そばにできたのだから、飲み屋にもできるはずだ。

串揚げは、各席に備え付けてあるソースの器に浸して食べる。もちろ

ん、二度づけは厳禁。私は、いまひとつこのシステムに馴染めない。ソースに浸すより、ソースをかける方が合理的だと思う。ただ、タマネギも水ナスも鮮度抜群で、瑞々しくて美味しかったことは間違いない。

せっかくビアバーに来ているのだから、ビールも1杯飲んでおこう。大阪発祥であるアサヒビールのマルエフを注文して、2回戦に突入だ。大阪風に言えば、サク飲みからちょい飲みへ発展、ということになるだろうか。

アサヒビールといえば、なんといっても1987年に発売されたスーパードライが看板商品である。マルエフは、スーパードライの前年に発売された商品で、スーパードライを生み出す足がかりになったという。正式名称は「アサヒ生ビール」なのだが、どういうわけか社内呼称である開発記号が世に広まり、マルエフの愛称で親しまれるようになった。スーパードライのヒットに伴い一般向けの缶ビールは一度終売となったが、飲食店での樽生ビールは継続され、コクとキレを兼ね備えた生ビールとして人気を博している。2021年に缶ビールが復刻発売されるまでの間は、飲食店でしか飲めないビールだったのだ。

京橋駅の「七津屋」と同じような飲み方をしたつもりだったのだが、会計は倍近くになった。お洒落なビアバーでは、大阪価格は適用されないようだ。それでも、大阪環状線シリーズのオリジナルサワーで鉄道の匂いを色濃く感じ、駅酒場らしさは充分楽しめた。今後、新大阪駅を利用するたびにひと駅ずつ飲み進めて、環状線全駅制覇を目指すことにしようか。

串揚げ、ビール、木製カウンター、照明がすべて同色。撮影が難しい

駅ナカで3種のクラフトビールを飲み比べ ～大阪難波駅～

私は高校野球観戦が好きで、夏の選手権大会は2005年から毎年甲子園球場まで観戦に訪れてきた。コ

ロナ禍に入った2020年から2022年までは行けなかったものの、2023年に観戦を再開している。もちろん、2024年以降も毎年観に行くつもりである。

　初期の頃には、心斎橋駅近くのカプセルホテルに宿泊することが多かった。気の利いた設備は一切ない代わりに料金が安く、1週間程度連泊する身としてはありがたい存在だった。しかし当時は、甲子園球場から心斎橋や大阪ミナミの繁華街へのアクセスがたいへん不便だった。梅田で地下鉄御堂筋線か四つ橋線に乗り換えるのが最適と思われるが、梅田の地下街で迷うことを嫌った私は阪神西大阪線（現なんば線）で西九条へ出て、大阪環状線、大和路線と乗り継いでJR難波駅へ。そこから心斎橋まで歩くことが多かった。短い移動距離のわりに乗り換えが多く、不便に感じていたものだ。弁天町駅や大正駅から地下鉄に乗り換える方法もあったが、運賃が高くなるので敬遠していた。

　この不便さが劇的に解消されたのは、2008年だ。阪神西大阪線が東へ延伸し、近鉄難波駅に接続して阪神なんば線に改称。同時に、近鉄難波駅は大阪難波駅に改称された。これにより、甲子園から大阪ミナミまで乗り換えなしで到達できるようになったのだ。心斎橋のカプセルホテルへは大阪難波駅のひとつ手前の枝川駅が最寄りで、毎年この駅を利用するようになるはずだった。しかし、それからほどなくして心斎橋のカプセルホテルは廃業し、私は定宿を天王寺エリアへ移すことになる。アクセスが便利になった途端に利用機会がなくなってしまったのは、なんとも皮肉な話だ。

　阪神なんば線と近鉄難波線の接点となる大阪難波駅には、近鉄の系列会社が運営する駅ナカモール「タイムズプレイス難波」が整備されている。このうち、改札内の東コンコースと西コンコースを結ぶ通路部分は2019年にリニューアルされ、「ごちぶらナンバ」と名付けられた飲食エリアに生まれ変わった。酒の提供をメインとする店も多い。階段や

ごちぶらナンバの入口。通路の狭さも、横丁ムードを高めるポイントになる

大衆酒場風のビアスタンド。酎ハイや日本酒などもひととおり揃えている

エスカレーターの幅のぶんだけ通路が狭く、横丁の雰囲気を醸した飲み屋街になっているのである。店のラインナップは、ビアスタンドの「道頓堀麦酒スタンド」、奈良の地酒を楽しめる日本酒バー「豊祝」、国内外のウイスキーを多数揃える「お酒の美術館」。この他に寿司、カレー、ラーメン、駅そばと揃い、これらの各店でも酒の提供がある。初めて訪れると、どの店に入るか決めあぐねて通路を東へ西へと何往復もしてしまうほどの充実ぶりだ。

今回私が入ってみたのは、「道頓堀麦酒スタンド」。本章でビールは頻繁に登場しているものの、まだクラフトビールを飲んでいなかった。大阪のクラフトビールがどのようなものかが気になっての入店だ。立ち飲みスタイルで、新大阪「ＶＩＡ ＢＥＥＲ ＯＳＡＫＡ」より京橋「七津屋」寄りの雰囲気。入るも出るも気軽なムードで、ごちぶらナンバ初訪問となる私でも入りやすかった。

カウンター席の一角に落ち着き、メニュー表を眺める。クラフトビールの「道頓堀ビール」は、3種類ある。大阪ケルシュ、大阪アルト、大阪ポーター。それぞれ、琥珀色、淡色、黒色のビールだ。全部飲んでみたいなと思っていたら、小さめのグラスで3種すべて提供する「飲み比べセット」が設定されていた。750円と、クラフトビールにしては意外と安い。これで決まりだ。つまみは、すぐに提供されそうな「おつまみセット」。合わせて、1100円。安心安全の大阪価格店だ。

観光客の利用も多いようで、飲み比べセットはそれぞれのビールについて説明書きされた敷紙にのせて提供された。私は道頓堀ビールの知識を持たずに入店していたので、とてもありがたい。ちなみに、店を出る時に「敷紙を持ち帰ってよいか」と尋ねたら、わざわざ未使用のものを1枚出してくれた。持ち帰りたい人も多い様子だ。

まずは、淡色の大阪ケルシュからいただく。これは、ドイツのケルン地方の製法で造られた上面発酵のビールで、フルーティーな香りがありながらもすっきりした味わいが特徴。また、炭酸が強くないので刺激が軽く、料理との調和性が高いビールだ。続いて、琥珀色の大阪アルト。これは、ドイツのデュッセルドルフ地方の製法で造られた上面発酵ビール。人工的な炭酸ガスは使わず、発酵により発生するガスだけで炭酸を生み出しており、口あたりがとてもまろやかだ。ケルシュと比べると、いくぶん香りや甘みが強いだろうか。そして、コーヒーのような色をした大阪ポーター。これも上面発酵のビールで、黒ビールならではのロースト香がしっかり感じられる。ただ、苦味や甘みは思っていたほど強くなく、黒ビールとしては口当たりも飲みごたえもライトな部類だと感じた。どれも上面発酵だから、キレや喉ごしよりも風味に重きが置かれたビールである。しかし、上面発酵ビールの中ではキレや喉ごしがよい方で、エール系とラガー系の長所を合わせたような風味だと感じた。

おつまみセットは、枝豆、キムチ、おでんのチクワ。内容は日替わりだという

　ふと見れば、カウンター席の一角には、いつの間にか入店していた白人中年男女の姿。女性はトマトを使ったビアカクテルのレッドアイ、男性は焼酎をロックで飲んでいた。落ち着きのない所作から推して、日本在住の外国人ではなくインバウンドの観光客だ。彼らがこのような立ち飲み店に来てくれることを、日本人としてなんだか嬉しく思う。

　会計を済ませて店を出ると、斜め向かいには日本酒バーの「豊祝」。店頭の置き看板を見ると、日本酒とつまみのセットが550円とある。しかもこの価格で、選べる酒の中に純米酒もラインナップされている。ほう、ここも大阪価格の店か。そんなことを考えていたら、フロアに立っていた女性店員から「いかがですか？」と声をかけられてしまった。道頓堀ビールでじんわりと酔いが回っていた私は、この展開になるともはや断ることなどできない。なかば無意識のうちに、ふらふらと店に吸い込まれていくのであった。

沖縄おでんと、電鉄お茶ハイ～南海なんば駅～

南海なんば駅には、心斎橋のカプセルホテルを高校野球観戦の定宿としていた時代に、何度か通った駅酒場がある。南改札を出て右すぐの好立地で営業していた「はやみ」という店だ。基本的には駅そばだが酒にも力が入っており、時間帯によってはほぼ居酒屋のような状態になっていた。人当たりのよいおばちゃんたちが切り盛りする家庭的な店で、個人的な思い入れもあった。だから本書でもぜひ取り上げようと思っていた。しかし、今回訪問してみたら、残念ながら閉業していた。

その一方で、南改札を出て左すぐの場所に、若いセンスが光る店が誕生していた。店の名は、「ニコニコゲンキ候」。沖縄おでんと酒をメインに提供する駅酒場である。オープンは、２０２３年4月7日。私が訪れたのは、同年4月21日。偶然にも、オープン直後に訪問することになったわけだ。

店員が皆若く元気。店を出るときに手を振って見送ってくれたのが印象的だった

店内は、それほど広くはない。カウンターとテーブルがあり、すべて椅子席。入店時には、半分くらいの席が埋まっていた。カウンターの一番奥の席に案内され、腰を下ろす。

何の予備知識もなく訪れているので、まずはメニュー表をしげしげと眺める。料理は、沖縄おでんが13種類と、軽めの一品料理が中心。飲み物は、ビール、酎ハイ、ハイボール、梅酒、日本酒、焼酎と揃う。レパートリーが多いのは、酎ハイだ。全部で20種類ほどあり、大阪らしいガリ酎ハイや、沖縄おでんに合わせた沖縄塩レモン酎ハイ、さらには「カチカチマックスで候」などメニュー名から内容が想像できないものまで揃っている。驚いたことに、第2章で紹介した東京のご当地酎ハイ「バイス酎ハイ」まで名を連ねていた。リターナブル瓶が大阪まで出回ることはないだろうから、濃縮原液を使用しているのだろうか。いずれにしても、若いセンスを感じるメニュー構成である。

その中でもっとも私の目を引いたのは、「電鉄お茶ハイ」として他の酎ハイとは別枠で記載されていた酎ハイだった。各種のお茶を使った酎ハイで、関西地域の大手鉄道会社をイメージしているという。新大阪駅「VIA BEER OSAKA」の環状線シリーズと同様に、鉄道の匂いが濃く感じられるではないか。これも面白いので、ラインナップをすべて列記しておこう。

・南海茶ハイ……ウコン茶
・JR茶ハイ……ジャスミン茶と緑茶
・阪急茶ハイ……紅茶
・阪神茶ハイ……烏龍茶
・京阪茶ハイ……宇治抹茶
・近鉄茶ハイ……ほうじ茶

中にはどのような連想が働いたのか謎めいているものもあるが、「阪急＝紅茶」や「京阪＝宇治抹茶」は、なんとなく意図が伝わってくる。「JR＝ジャスミン茶と緑茶」は、頭文字で合わせてあるようだ。ここは南海の駅だから、まずは南海茶ハイを飲んでみることにしよう。つまみは、沖縄おでんの玉子、車麩、大根、厚揚げをチョイス。お通しとして提供されたがんもどきを合わせ、沖縄おでん5品で勝負だ。

沖縄のおでんは、カツオ出汁をしっかり利かせるのが特徴。そして、軟骨ソーキやテビチ（豚足）といった具材を用いるので、豚骨の香りがつゆ全体に染みわたる。沖縄そばのつゆを少し煮詰めて、豚骨を足したような味わいである。だから、おでんに沖縄そばの麺を入れることも珍しくない。

南海茶ハイと沖縄おでん。おでんは全部盛り合わせるのではなく、タネによっては皿を分けて提供していた

特徴的な具材としては、車麩も挙げられる。車麩は金沢おでんの代名詞のような食材であるが、沖縄おでんでも定番だ。一般的な麩よりも質感があり、おでんに入れても煮崩れしない。しっかり染みこんだ出汁との調和性も高く、人気が高い。大きく、弾力が強く噛み切りにくいので、特に女性は若干食べづらさを感じるかもしれない。しかし、味は抜群だ。

南海茶ハイは、ウコン茶ハイ。薬草のような香りがあるお茶ハイだ。ウコンということは、二日酔い防止によいのだろう。もしかしたら、南海の沿線には雑多な飲み屋街が多いことからの連想かもしれない。飲みこんだ後にも口の中に香りが残るので、それを上書きする味の濃いつまみに合いそうだ。沖縄おでんは味が濃い部類だから、なかなか相性が良い。

2回戦は、JR茶ハイを選択。ジャスミン茶と緑茶のブレンド茶ハイだ（巻頭カラー写真参照）。緑茶の苦みや渋みに、ジャスミンの爽やかな香りが加わる。南海茶ハイより癖が軽く、飲みやすいのが利点だ。こうなると、残る4つも試してみたくなる。大阪環状線に、大阪の電鉄。宿題がどんどん増えてしまう。この他にも、まだ見ぬ鉄道系の酎ハイやサワーを提供する駅酒場があるのだろうか。探して歩いてみるのも悪くない。

改札内に開かれた窓口。この後、立ち飲み席として活用されることになる

一番奥の席で飲んでいると、出入口の反対側にも小さな窓口が空いていることに気づく。位置関係から考えて、こちらは改札内のコンコースになるはずだ。カウンターのような設備があるものの、資材置場としてビール瓶などが大量に置かれており、活用されていない状態。資材を片付ければ、改札内でも商品の受け渡しができるようになるのではないだろうか。そう思い店員に聞いてみると、

「今はまだ窓を開けているだけです。でも、もう少し店の運営が軌道に乗ったら、改札の中からでも飲めるようにしたいと考えています」

と話していた。商品の受け渡しだけでなく、立ち飲みコーナーとして開放しようとまで考えていたのか。スペースの広さから考えて、同時に利用できるのはせいぜい2、3人。もしかしたら、近い将来にこの店は〝日本一狭い駅酒場〟の称号を手にすることになるのかもしれない。

私が東京に帰ってからしばらくして、「ニコニコゲンキ候」は改札内でも立ち飲みできるようになったとの情報が舞い込んできた。私が訪問したときに見たままの、コンコースに露出した小さな立ち飲み席。荷物を掛けるフックが3つあるから、定員は3名。あのスペースに3人並んだら身動きがとれなくなるだろうなと苦笑しつつも、次回南海電車に乗るときにでも寄ってみようと考えている。

〝B面〟の地下街は駅酒場の宝庫 ～新開地駅～

神戸の街には、〝A面〟と〝B面〟がある。A面は、ハーバーランドや元町などに代表される、お洒落で多国籍で、気品あふれる港町。B面は、港湾などで働く人々の大衆娯楽と風俗の街として発展した新開地だ。このような二面性を持つ街は珍しくないけれど、神戸はとりわけ両者の差が激しく、また立地的にも接近しているため、A面・B面の呼称で区別されることが多い。

新開地は、その名のとおり、1905年に旧湊川を埋め立てたことで新たに生まれた土地である。明治から大正にかけて、この場所に芝居小屋や映画館などの娯楽施設が多数建設された。近くの福原地区には大規模な遊郭があったことも重なり、大衆娯楽と風俗の街として名を広めていく。

太平洋戦争時に空襲で焼失した後、娯楽施設は再建されたが、売春防止法の施行に伴い1958年に福原の遊郭が閉鎖される。このあたりから、新開地は衰退へ向かうことになる。高度経済成長期には大衆娯楽が多様化し、芝居小屋や映画館が次々に閉鎖されていった。繁華街を歩く人々は減り、アーケードの設置も裏目に出て薄暗い雰囲気になり、退廃的な雰囲気が醸成されていく。

そして決定的だったのが、1968年の神戸高速鉄道と新開地駅の開業である。線路や駅は地下に設けられ、新開地まで延伸した神戸電鉄との乗り換えも地下通路経由で完結されることになった。一方では、地上を走っていた神戸市電（路面電車）が役割を終えて廃止となる。人々の流れが地上から地下へ移ったことで、街の人通りは激減してしまったのだ。

人通りの少ない繁華街は、得てして風紀が乱れてゆくものである。新開地も例に漏れず、薄暗い繁華街には路上生活者や路上で酒宴を開く労働者などがはびこり、余所者がうかつに近づけない危険なムードになってしまった。

1995年の阪神・淡路大震災で壊滅的な被害が出た後には再開発が入り、神戸アートビレッジセンターが設置された。第2章で紹介した横浜の黄金町と同様に、アートで荒んだ街の立て直しが図られたわけだ。新開地本通りのアーケードも撤去され、路上生活者などはあまり見かけなくなった。震災前に比べれば、B面のイメージはだいぶ薄らいだと言える。それでも、現代的どころか近未来的な街並みに発展したハーバーランドなどと比べると前近代的で猥雑なムードは色濃く残っており、A面とB面の格差はあまり縮まっていない。

JR神戸駅の北口から高速神戸駅を経て新開地駅までは、地下街でつながっている。ここを歩くと、A面からB面へ移り変わる様子がよく分かる。神戸駅北口から階段で地下へ降りていくと、そこは神戸市の第三セクターが運営する地下街「デュオこうべ」。1992年にオープンしてから現在までの間に2度改装されており、通路は明るく広く清潔感に満ち、壁にはトリックアートが描かれるなど遊び心もある。南口側の広場には誰でも自由に演奏できるストリートピアノまで設置されており、現代的なセンスが光る地下街だ。紛れもなく、A面の地下街である。

ところが、デュオこうべを通り抜けて高速神戸駅付近まで歩くと、雰囲気が一変する。照明は薄暗く、通路は狭く、天井がかなり低くなる。突然

メトロこうべ（新開地タウン）の入口。天井の低さが歴史を感じさせる

いかにも大衆酒場。新開地の街にもよく似合う雰囲気

昭和中期にタイムスリップしたような錯覚にとらわれる。ここから先は、神戸高速鉄道が運営する地下街「メトロこうべ」だ。神戸高速鉄道開業と同年の1968年に整備され、商業エリアの神戸タウンと新開地タウン、両者を結ぶ中間通路からなる。このうちの中間通路こそ2018年に大幅リニューアルされて明るい雰囲気になったものの、商業エリアは昭和レトロの雰囲気を色濃く残している。こちらが、B面の地下街だ。

ただし、B面といっても、阪神・淡路大震災前の新開地本通りのような身の危険を感じるムードではない。良く言えば、郷愁に富む昭和レトロな地下街。悪く言えば、古臭くてくたびれた地下街だ。

神戸タウンには、靴店や化粧品店などの物販店や、理髪店や整骨院といったサービス業の店舗が多い。飲食店もあることはあるが、さほど目立たない。中間通路には、デュオこうべと同じようにストリートピアノが設置されているほか、名物となっている卓球場がある。

そして新開地タウンは、廉価な飲み屋が並ぶ飲食街である。間仕切りのない店舗が多く横丁のムードに富み、長年の営業で風格が漂う店と近年オープンした新進気鋭の店が混在している。どの店も魅力的に見えて、どこへ入ろうかと悩み、店頭に掲示されたメニューを眺めながら通路を何回も行ったり来たりしてしまう。悩んだ末に私が入ってみることにしたのは、「鈴ぎん福寿」という立ち飲み屋。老舗風の佇まいと店頭に出された大きな酒樽が決め手になった。レトロな地下街なのだから、風格ある老舗で飲みたい。そして、神戸といえば日本三大酒造地のひとつに数えられる灘を擁する街なのだから、ここでは日本酒を飲みたかった。

間口は広いけれど奥行きがなく、外観から受ける印象よりだいぶ手狭な店。客席は、長いカウンター形式の立ち飲み席のみ。そのカウンター席は、柱を避けるためにところどころ直角に折れ曲がっており、背後のスペースも狭いため、店内の端から端までが見通せない構造になっている。客席だけでなく厨房も細長いので、店員がそれぞれ焼きもの、揚げもの、煮もの、ドリンクといった具合に担当を分けている。狭い厨房内での店員の無駄な動きを抑えたオペレーションだ。

まずは、出汁巻き玉子で生ビールを流し込む。私が陣取った席の目の前が焼き場だったので、注文を受けた〝おふくろ〟と呼びたくなる年配の女性店員が、四角形の卵焼き用のフライパンで手際よく調理する。出汁入りの溶き玉子をフライパンに薄く広げ、サッサッと折りたたんで、フライパンの空いたところにまた溶き玉子を流し込み、折りたたむ。この繰り返しで、ものの数分で厚焼きの出汁巻き玉子が完成した。いとも簡単そうに作っているけれど、焦がすことなく、また食感にムラを出さずに仕上げるのが難しいということは、私も自宅で何度も挑戦しては失敗しているからよく分かる。

焦げ目のない出汁巻き玉子。これを食べれば、料理のレベルの高さを窺い知れる

2回戦は、名物を謳う串天の3種盛りで、日本酒をいただこう。この店で扱う日本酒は、福寿と菊正宗。どちらも、灘の酒だ。どちらにしようかと考えて、はたと気づく。確か、この立ち飲み屋の店名は「鈴ぎん福寿」だった。そして提供する日本酒も福寿。考えてみれば、店頭に置いてあった酒樽も福寿だった。もしやと思って〝おふくろ〟に聞いてみると、この店は蔵元が運営する立ち飲み屋で、店名もかつては「福寿酒造」だったとのこと。それならば、もはや迷う余地はない。酒も福寿にしよう。熱燗はあまり得意でないので、常温で。

スクリューキャップの小瓶で提供された福寿を、お猪口でいただく。

一直線ではないカウンターに、隠れ家の雰囲気を感じる。駅ナカとは思えない光景だ

うむ、妙な癖はなく、安心感のある味わいだ。純米ではないのでズッシリとした重みのある酒ではなく、口当たりがやさしく、淡麗な辛みがあり、喉ごしはすっきり。お猪口１杯ぶんをひと口でキュッと飲み干したくなる酒だ。

揚げ場は離れているので、串天は別の店員が調理し、店員間のバケツリレーを経て提供された。盛り合わせの内容は、ナス、タマネギ、エビ。３００円の設定でエビまで入っているところが嬉しい。揚げたてだから衣はサクサクで、野菜が瑞々しい。出汁巻き玉子にしろ串天にしろ、料理のレベルはかなり高い。そしてそのわりに、価格が安い。長年の営業で自然に醸し出されたレトロムードも相まって、とても有意義な昼飲み時間を過ごさせていただいた。

我ながら、老舗風の店を選んだのは正解だったと思う。少なくとも私が新開地に欲しているのは、古き良き大衆酒場だ。メトロこうべには、この店のほかにも老舗風の居酒屋がたくさんある。今後、新開地を訪れるたびに１軒ずつ訪問してみたい。それが全部終わる頃には、最近オープンした小奇麗な店にも、レトロな地下街に溶け込むような風格が滲み出てくるのではないだろうか。

串天と清酒「福寿」。銘入りのお猪口は、蔵元直営店ならでは

駅ナカフードコートで、姫路おでんと地酒を堪能 ～姫路駅～

姫路駅を北側に出ると、大通りの先に白壁の天守閣。白鷺城の別名で親しまれ、国宝にも指定されている姫路城だ。２００９年から２０１５年にかけて行われた「平成の大修理」を経て以前にも増して白壁が際立つようになり、一時は白鷺城ならぬ〝白すぎ城〟と揶揄されたこともあったが、白漆喰はカビの浸食により徐々に色褪せていき、現在は大修理以前とあまり変わらない姿に落ち着いている。

姫路の街は、姫路城がある駅の北側を中心に開けている。魚町の繁華街も駅の北側にあり、山陽電鉄の姫路駅も北側だ。一方の南口は、大型のシティホテルがたくさん建っているものの繁華街は形成されておらず、行き交う人々も北口よりだいぶ少ない。歴史的に見ても、1888年の駅開業から山陽新幹線が開業する1972年までは、姫路駅の出口は北側にしかなかった。南口は、山陽新幹線の開業による送迎等の需要増加に対応するべく整備されたものであり、街そのものが比較的新しいのだ。

駅酒場の観点で見ると、裏口に相当する南口がなかなか魅力的である。駅舎の外側には廉価な大衆居酒屋が連なり、2016年には南口側の駅ナカモール「ピオレおみやげ館」内に「播州うまいもん処」と名付けられた小型のフードコートも整備された。

フードコートには5つの店舗がL字型に並び、姫路おでんや加古川かつめしといった兵庫県播磨地方のご当地グルメを提供している。中華麺と和風出汁を合わせた姫路名物「えきそば」も出店している。もちろん、酒を提供する店もある。入りやすくて出やすいフードコート形式だから、ちょい飲みに好適だ。しかも、比較的人通りが少ない南口側で、ピオレおみやげ館の中でも少し奥まった場所。穴場ムードがひしひしと漂う。実際、私が訪問した昼下がりの時間帯にはフードコート全体が空いており、席も容易に確保できた。

おでんは作り置く料理なので、提供は迅速。すぐに飲み始められる

姫路のご当地グルメで真っ先に思いつくのは、姫路おでんだろう。最初にメニューを確かめに向かった「姫路の地酒と姫路おでん本舗」に、おでん5品にドリンクが付くちょい飲みセットの設定があったので、他の店舗をチェックすることもなく衝動的にオーダーした。ドリンクは、姫路の地酒「八重垣」を選択。

姫路おでんの最大の特徴は、生姜醤油で食べること。発祥については定かでないが、姫路を中心とした兵庫県播磨地方では戦前からおでんの

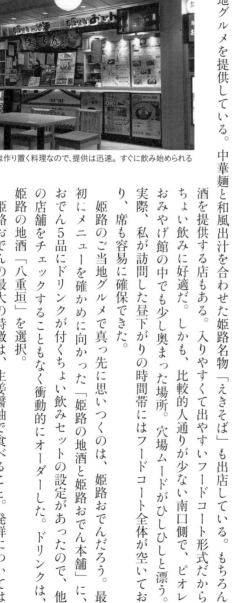

屋台などでは生姜醤油をつけていたという。はっきり「生姜醤油につける、または生姜醤油をかけるおでん」と定義づけられたのは、ご当地グルメブーム渦中の2006年。それまでは、あまりにも当たり前の食べ方だったから、わざわざ「姫路おでん」と称することはなかった。

大きな皿に盛られた姫路おでんは、大根、玉子、コンニャク、さつま揚げ、ゴボウ巻。コンニャクは、姫路城天守閣の形にくり抜かれてある。視覚的な演出を施すあたりは、観光客の利用が多い駅ナカ店らしい部分ではないだろうか。

ちょい飲みセットのおでんは店側にお任せの5品となるので、タイミングによって内容が変わることもある。これは、店にとっても客にとってもメリットが大きい。店側としては、仕入れ数に対して売れ行きが伸びていないタネを出すことでフードロス削減につなげることができる。そして客側としては、内容を店のお任せとする代わりに割安設定で食べられるわけだ。

生姜醤油は小皿で提供され、店員から「生姜醤油につけてお召し上がりください」と説明があった。基本的には、おでんを生姜醤油につけて食べる仕様のようだ。ただし、小皿での提供であれば生姜醤油をおでん全体にかけることもできる。食べ方は客の好み次第ということになる。また、辛みが生姜醤油と競合する練り辛子は、添えられていない。

生姜の辛みは練り辛子のように強く鼻へ抜けるものではないので、食べてみるととても上品な印象だ。香りよりも旨味が強いうすくち醤油仕立てだから、なおのこと上品に感じる。香りが尖っていないのだ。上品である反面、最初のひと口で満足させるようなパンチ力はない。全部食べ終わった後で、じんわりと美味しさがこみ上げてくるひと皿だった。

八重垣は、升の中にグラスを入れる立ち飲みスタイルでの提供。提供口から自席へ持ち運ぶ間に若干こぼれてしまうのだが、こぼれたところ

ちょい飲みセットは、ちょうど1000円。手を出しやすい価格設定だ

で升があるから安心だ。そもそも、提供時点ですでに少々溢れている。第2章で紹介した表参道駅「表参道グリル」では、背の高いシャンパングラスを自席まで持ち運ぶ間に肝を冷やしたものだが、ここでは安心して持ち運べた。升にグラスを入れるスタイルは、フードコートに最適な提供方法だと思う。

常温での提供がなかったので冷酒にしたこともあるのか、本醸造ながらも少しフルーティーなまろやかさとズシッとした重みがあるように感じた。純米酒と言われればそう思い込んだかもしれない。とても美味しく、私の好みに合っている。東京の酒屋や量販店にも置いてあるだろうか。もしあれば、日常的に飲む酒を八重垣にしてもよいなと感じた。

なお、この店があるのは改札の外である。第3章で書いたように、青春18きっぷなどを利用している場合、姫路駅では有人改札に長蛇の行列ができて通過に時間がかかることが多い。時間にあまり余裕がなく、長い行列を見てうんざりした場合には、改札内のおにぎり店「ひさご」へ行くといい。テイクアウト中心ながらわずかばかりのイートイン席を擁し、夕方以降にはビールとつまみのちょい飲みセットを提供している。時間の猶予と改札の混雑具合に応じて使い分けるといいだろう。

トレインビューの駅酒場、関西にも誕生！～大和西大寺駅～

近鉄の主要駅では、2008年から「タイムズプレイス」の名で駅ナカモールの開発が進められている。先に紹介した大阪難波駅の「道頓堀麦酒スタンド」も、タイムズプレイス難波を構成する店舗の位置づけである。2023年10月現在、タイムズプレイスは大阪難波駅、大和西大寺駅、大阪上本町駅、大阪阿部野橋駅、近鉄奈良駅、京都駅、宇治山田駅の7駅に展開。この中で最多の店舗数を誇るのは、タイムズプレイス西大寺。つまり、大和西大寺駅である。

大和西大寺駅は、奈良線と京都線、橿原線が接続する近鉄の要衝である。大阪、京都、奈良の3府県からやって来る列車が離合集散するため、当駅で列車を乗り換える人が多い。そのため、奈良市の中心部からだ

フロア中央の島式店舗。ここまで開放的なビアスタンドも珍しい

いぶ外れた静かな街であるにもかかわらず、駅ナカにたいへん規模の大きな商業モールが整備されているのである。ひょっとしたら、当駅周辺の住民たちは近所の商店街へ行くような感覚で入場券を買ってタイムズプレイスを利用しているのではないか。そう思いたくなるほど、街と駅のギャップが激しい。

タイムズプレイス西大寺が誕生したのは、２００９年。その後、リニューアルしながら規模を拡大し、２０２２年にはトレインビューを楽しめるダイニングスペース「ＶＩＥＷ ＴＥＲＲＡＣＥ」が誕生した。３つの店舗が客席を共有するフードコートで、窓際の席に陣取れば発着する列車を眼下に眺めながら飲食を楽しめる。第3章で紹介した賢島駅「サミエール」も、トレインビュー。特急しまかぜなどが人気を博している近鉄だからこそ浮かんだ発想だろうか。

「ＶＩＥＷ ＴＥＲＲＡＣＥ」で一杯飲むなら、セルフ形式のビアスタンド「ＹＡＭＡＴＯ Ｃｒａｆｔ Ｂｅｅｒ Ｔａｂｌｅ」のクラフトビールがオススメ。奈良市内に構えるクラフトビール醸造所「大和醸造」の直営店だ。この醸造所は、なんとタイムズプレイスを運営する近鉄の系列会社が立ち上げたもの。まさに〝メイドイン近鉄〟のビールだ。テナントを入れるだけ入れて管理に徹するのではなく、醸造所まで立ち上げて自社製品のビアスタンドを直営しているのだ。全国の大手私鉄の中で、もっとも駅ナカ開発に力が入っているのは近鉄だと言ってもいいかもしれない。

客がセルフサービスでサーバーから注ぐスタイルになっているのも面白い（巻頭カラー写真参照）。タブレット端末の注文機を操作して精算し、レシートに印刷されたＱＲコードを各商品のサーバーの読み取り機にかざし、カップをセット。あとは全自動でビールが注がれる。注ぎながら自動的にカップの角度が調整され、ほどよくクリーミーな泡が立つ。

この日ラインナップされていたビールは、8種類。エール系もラガー系もあるし、淡色も濃色も揃う。注文機付近や各サーバーの脇にある説明書きを見て、好みのビールを選ぼう。スタッフも常駐しているので、どうしても分からない場合には好みを伝えてアドバイスをもらうのも手だ。

私は、香りも苦味も強いスタウトをチョイス。上面発酵の黒ビールだ。スタウトの正式な定義はビール酒造組合により「ビールの表示に関する公正競争規約」で定められており、「濃色の麦芽を原料の一部に用い、色が濃く、香味の特に強いビールでなければ、スタウトと表示してはならない」とされている。

料理は、「Vege&Deli OLIVE」で、あれこれ悩まずに済む「おまかせデリセット」を調達した。フードコートなら、料理とドリンクを別々の店舗で購入できる。グループで飲食する際には、メンバー間で好みが分かれても丸く収まる。これもフードコートの大きな利点だ。提供されたのは、厚切りのローストポークを中心としたワンディッシュの料理だった。

まずはスタウトをひと口。すると最初に、コーヒーを思わせるような香ばしい苦味が走る。その苦味はスッと切れて、次いでフルーティーな甘みが追いかけてきた。そしてそれも、スッと切れる。黒ビールはどっしりと重たい飲み口のものが多い中、このスタウトは比較的軽い部類だと感じた。アルコール度数も低め（4・5%）だから、あまり酒に強くない人でもスイスイ飲めそうだ。インパクトが強く、それでいて軽い。これはどんな料理にも合いそうだ。サーバー脇の説明書きには「スイーツと合う」と書いてあったけれど、ローストポークとの相性もよいし、サラダにも合う。シーンを選ばないビールだと思う。

窓の外には、6本の線路。その先は、奈良線と京都線が分岐するところまで見渡せる。複雑に分岐と合流を繰り返しているところが、ジャンクション駅らしい部分だ。たいへん〝鉄分〟が濃厚な時間を過ごせる。

ビールのカップも、大和醸造のオリジナルデザイン。ビールも料理も、お洒落だ

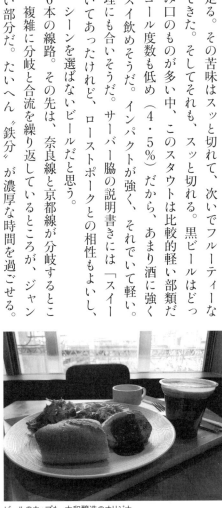

窓の外は展望デッキになっており、人気の高い車両が入線するときなどには黒山の人だかりができる。トレインビューのはずなのに、タイミングによっては見物客の背中しか見えないことがあるのは愛嬌か。

考えてみれば、改札内にこのような展望デッキがあるのは珍しい光景だ。少なくとも私は、これまでに他駅で出合ったことがない。これができるのなら、改札内でオープンテラス形式のビアガーデンを営業することもできるのではないだろうか。第3章で紹介した戸倉駅「かかし」の規模を拡大したような駅酒場が誕生したら、全国で話題席巻となるに違いない。駅ナカ開発の最先端をゆく近鉄が、近い将来に実現してくれそうな気がする。

展望デッキからの眺め。デッキは西側を向いており、夕陽の眺望スポットとしても人気だ

第五章
中国・四国の駅酒場

そばと野焼きと日本酒と 〜出雲市駅〜

3月。私は青春18きっぷを手に、出雲を目指していた。日中は陽射しがポカポカと暖かく、足早に歩けば汗ばむくらいなのだが、夜になると一転して冬の冷気がはびこる。春の青春18きっぷシーズンは、上着を持参するべきかどうかで少々悩む。上着があると、夜は重宝するけれど昼間は持て余す。かといって上着なしだと、陽暮れの後が辛い。私は、旅先では朝早くから夜遅くまで動き続けることが多いので、昼間のことだけを考えて服装を選ぶわけにはいかないのだ。特に山陰地方は、シベリアから降りてくる寒気が真っ先に上陸するエリアでもあるから、緯度が低いわりに冬はなかなか寒い。

伯備線の列車に乗るのも、ずいぶん久しぶりだ。山陰地方は、お世辞にも普通列車が便利とは言いがたい。山陰地方へ通じるどの路線にも、便が極端に少ない区間がある。山陰本線なら城崎温泉・鳥取間、因美線は津山・智頭間、伯備線は新見・米子間、木次線にいたっては全線だ。時刻表をめくってはため息をつく。その繰り返しになる。そのため、取材などで山陰方面へ行くときには、どうしても車に頼りがちになる。

しかし、今回は飲酒を伴う取材であるため、基本的に車を使えない。だから、乗り継ぎにガバッと時間が空いてしまうことを覚悟のうえで、伯備線のワンマン列車に乗っているわけだ。こうして不便な区間を移動していると、改めて実感する。鉄道旅は、飲みたい時にいつでも酒を飲めることが最大の救いとなる。酒を飲めない人たちは、どのような気分でローカル線の乗り継ぎ待ち時間を過ごすのだろうか。

出雲市駅の改札外には、かつて駅弁事業者が営む駅そば「黒崎」があった。割子そばや釜揚げそばといった出雲の郷土そばを提供し、「酒も飲めて、駅弁も買える。特に出雲そばをメインとした駅弁「出雲そば弁当」が人気で、そばを使った稀少な駅弁としてファンの心を鷲掴みにしていた。

割子そばは、江戸時代に生まれた出雲そばのスタイル。円形の漆器（木箱や陶製の器を用いる場合もある）にそばと薬味を入れ、それを3段重ねる。食べる際には冷たいつゆをかける、いわばぶっかけスタイルである。3段に分けたのは弁当として持ち歩きやすかったためだが、つゆを3回に分けてかけることになるのでつゆが薄まりにくいという利点もある。商人や武士、さらには出雲大社の参拝客の間でも広まった。当初は、四角形の木箱や、タンスのような引き出し式の容器が用いられていたが、四角形では隅々まで洗いにくく不衛生であったため、後に円形の漆器が多く用いられるようになったという。

黒崎では、3段の円形容器にそれぞれ異なる具材を配した「三色割子そば」を提供していた。これが見た目にも華やかで、私は強く印象に残っている。しかし、残念ながら2018年に閉店（廃業）してしまった。

ところが、それからわずか2か月で、同じ場所に新たな飲食店「出雲の國 麺家」が入った。ラーメンが有名な店だそうだが、割子そばや釜揚げそばも提供し、出雲の地酒も飲めるという。自家調製ではないものの、駅弁の委託販売も行っている。これは気になるではないか。その後コロナ禍に入ってしまったこともあり、オープンから4年以上にわたり訪問できずにいたが、本書の企画を立ち上げた際に真っ先に脳裏に思い浮かんだ店のひとつだ。満を持しての初訪問である。

賑やかで活気のある店舗に生まれ変わった

店舗は、内・外装ともきれいにリニューアルされ、モダンでカジュアルなムードに一変していた。黒崎時代のノスタルジックな雰囲気も好きだったが、リニューアルによって一見の観光客が入りやすくなったことは間違いないだろう。

早速入店し、テーブル席に着き、メニュー表を眺める。フードメニューのトップにあり大きな写真が添えられているのは、スサノオラーメンだ。地元産の味噌に麹を加えてコクを深めたスープが特徴で、スサノオの剣をかたどったカマボコをトッピングするなど遊び心もある。

メニュー表をひょいと裏返すと、今度は出雲そばがトップに記載されていた。厳密にどちらが表ということもないだろうから、スサノオラーメンと出雲そばが店のダブルエース、といったところだろうか。割子そばに、釜揚げそば。三色割子そばも健在だ。「黒崎」時代の名物メニューは、すべて「出雲の國 麺家」でも扱っているのだった。これは嬉しい。三色割子そばを食べられることだけでなく、若かりし日の旅の記憶が鮮やかに蘇ってきたことが嬉しかった。スサノオラーメンも気になるが、もはや三色割子そばを食べずには帰れない。

冷たいそばを注文するとなれば、合わせる酒はやっぱり日本酒がいい。メニューにラインナップされているのはいずれも島根の地酒で、出雲富士本醸造、出雲富士上撰、七冠馬、李白。このうちの出雲富士上撰を除いた3つを揃えた「島根の銘酒3点セット」があったので、迷うまでもなかった。肴の大社飛魚野焼きも一緒に注文だ。駅酒場では、地場産品をアピールする狙いから、このように複数種類の地酒を少量ずつ提供する飲み比べセットを設定していることが多い。試飲感覚でいろいろ飲めるので、自分好みの日本酒を見つけたい場合にとても重宝する。

陶器の受け皿に、ガラスのぐい飲みが3つ。そこに、薄く黄色味を帯びた日本酒がなみなみと注がれる。ガラスの器だと、色の微妙な違いもよく分かる。とりわけ七冠馬は黄色味が強い。

出雲富士は、地元出雲市の地酒だ。酒蔵は、なんと出雲市駅から徒歩5分ほどの場所にある。決して規模の大きな酒蔵ではないのだが風味には定評があり、大手航空会社のファーストクラスで提供されたこともあるという。

島根県出雲市は、日本酒発祥の地であるとも言われている。スサノオがヤマタノオロチを退治する際に酒を飲ませて酔わせたという『古事記』のエピソードは、ここ出雲が舞台になっているのだ。

いただいたのは、本醸造の生酒。口あたりが軽快で、すっきり爽やかな味わいで飲みやすい。ついついたくさん飲んでしまいたくなるタイプの酒だ。一般的な日本酒は、保存性を高めるために原酒を搾った後と瓶詰め前

飲み比べのセットとしては量が多めなので、これだけでほどよく酔える

の計2回、加熱処理をする。生酒はこの加熱処理を行わずに出荷するもので、独特なとろみや軽やかな旨みが特徴。反面、冷蔵保管しておかないと劣化しやすいというデメリットもある。加熱処理をまったく行わない生酒のほかに、搾った後に1回だけ加熱処理した生詰め酒、瓶詰め前に1回だけ加熱処理した生貯蔵酒もある。この3つは、すべて異なるものである。

李白は、松江市の地酒。中国の唐代の詩人である李白は、大の酒好きとして知られる。泥酔し、水面に映る月を掴もうとして池に転落し絶命したという伝承もよく知られている。今回いただいた本醸造酒は、出雲富士と同じく生酒。飲み比べてみると、出雲富士よりとろみが強く、舌に絡みつくような旨みが感じられた。同じ生酒でも、ずいぶん違いがあるものだ。

そして七冠馬は、内陸部に位置する奥出雲町の地酒だ。私は、20代の頃には週末に暇ができればすぐに府中へ飛んでいくクチだったので、七冠馬という名にはピンとくるものがある。1980年代にターフを沸かせ、〝皇帝〟の愛称でも親しまれたシンボリルドルフだ。もっとも、シンボリルドルフが現役で走っていた頃には、私はまだ小学生。だから、私は現役時代をリアルタイムで見ていたわけではない。私にとっては、トウカイテイオーなどを輩出した種牡馬としてのイメージが強い。

なぜシンボリルドルフが地酒の銘柄名になっているのか。それは、七冠馬の蔵元とシンボリルドルフを輩出したシンボリ牧場のオーナーとの間に血縁関係があることに由来する。シンボリルドルフがGIレース7勝の〝七冠〟を達成した10年後の節目に、銘酒「七冠馬」が誕生したのだ。

こちらは、純米酒の提供だ。純米酒らしいとろみと、ズシッと腰の据わった飲み口。そして、甘みのあるフルーティーな味わいが舌を転がる。量を飲むより、時間をかけてじっくりと味わいたくなる酒だった。

大社飛魚野焼きも、実に個性的で面白い肴だ。中央に穴が空いているのでちくわのようでありながら、ちくわではない。青魚の魚肉練り製品だからつみれのようでありながら、つみれでもない。ちくわよりも歯ごたえが強く、つみれよりきめが細かく香りが上品。焼き目部分の香ばしさもよいアクセントになる。見た目の楽しさもあり、正月に食べるおせち料理に加えたくなる一品だ。実際、出雲地方ではおせちに飛魚野焼き

第一印象で心が躍る三色割子そば。最後に残ったつゆは、赤紫色の濃厚なそば湯で割って飲もう

を入れることもあるようで、出雲市がふるさと納税の返礼品として提供するおせちセットにも飛魚野焼きが入っていた。

日本酒を3杯飲んですっかり出来あがってしまったが、今日の駅飲みはここからがクライマックス。いよいよ、三色割子そばの登場だ。飲み比べセットには入っていなかった出雲富士上撰を改めて注文し、ちびりちびりとやりながら太打ちのそばを手繰る。やや甘め仕立ての上撰は、冷酒よりも常温や熱燗向き。先にも言ったとおり、私は熱燗があまり得意ではないので、常温でいただいた。

3つの割子には、それぞれ天かす、とろろ、山菜がトッピングされている。薬味は共通で、青ネギ、刻み海苔、削り節、もみじおろし。ワサビではなくもみじおろしを使うのが出雲流だ。もみじおろしは、唐辛子とともにすりおろした大根おろし。大根の辛みが鼻に抜けつつ、唐辛子が舌や喉をピリリと刺激する。

麺は、地粉を使って二八に仕立てた手打ち麺。全挽きで黒々としており、刻み海苔や削り節など香りのある薬味にも負けない風味がある。そばの香りが強く、薬味にもさまざまな香りがあるとなれば、つゆも濃厚でなければバランスがとれないところ。甘みが強いつゆは、香りのるつぼの中でもしっかりと存在感を発揮していた。音楽に例えれば、交響曲のような華やかさと迫力がある郷土そばだった。

「黒崎」はなくなってしまったけれど、そばも酒も楽しめる新たな店がオープンしてくれたのはなによりだ。

出雲への列車旅は、この先も楽しみなものであり続けてくれるだろう。そうそう、次回訪問するときには、スサノオラーメンを食べないと。味噌仕立てのラーメンには、どんな酒が合うだろうか。近いうちに、また時刻表とのにらめっこで時間を費やす日がやってきそうだ。

ついに出合えた自然発酵ビール～伊部駅～

青春18きっぷで姫路から岡山方面へ向かう場合、ルートの選択肢はふたつある。山陽本線と、赤穂線だ。山陽本線は幹線で便利、赤穂線はローカルで不便。そのようなイメージが湧きやすいのだが、実はそうでもない。便数は、朝夕こそ山陽本線の方が多いけれど、日中はどちらも1時間に1本程度なのだ。岡山までの所要時間にだいぶ差があるとはいえ、混雑が激しい山陽本線より空いている赤穂線の方がのんびりと列車旅を楽しめる。だから私は、最近はあえて赤穂線で移動することが多くなっている。大阪方面から乗ってきた新快速が赤穂線直通の播州赤穂行きであったなら、なおさらだ。

赤穂線に乗る機会が増えて思うのは、赤穂線には読めそうで読めない微妙な難読駅名が多いということだ。寒河《そうご》、日生《ひなせ》、香登《かがと》、邑久《おく》。いずれも、まったく読めない字が使われているわけではないのに、なかなか正しく読めない。そして、今回の舞台となる伊部《いんべ》駅もまた、知っていないと「ん」を抜いて読んでしまいがちな難読駅だ。

伊部は、備前焼で知られる備前市の中心部付近に位置する駅。市役所の最寄駅はふたつ隣の備前片上だが、駅周辺の街は伊部の方が賑やかだ。乗降者数も、伊部の方がだいぶ多い。伊部駅は、備前市の経済的な中心駅だと言えるだろう。

駅舎は、備前焼の直売所や観光案内所、備前焼展示ギャラリーなどがある備前焼伝統産業会館を併設しており、かなり大きい。当駅近くの旧国道沿いには備前焼の専門店がたくさんあるため、備前焼を買い求めにやって来る人々にとっては伊部駅が拠点になるわけだ。

私が伊部駅に降り立つのは、これが3回目だ。初訪問は2010年。この時には、備前焼伝統産業会館1階の奥まったところにそば店が入居しており、ここで天ぷらそばを食べている。2回目の訪問は2018年。この時にはそば店が撤退しており、代わって改札口脇にガラス張りのムーディーな駅カフェ「UDO」が誕生していた。そして今回は、この駅カフェでたいへん珍しいビールを飲めると聞きつけ、やって来たのである。

改札（といってもICカード読み取り機があるだけの無人駅である）を出て、右にUDO、左に備前焼伝統産業会館。UDOへ入店する前に、備前焼伝統産業会館を少し覗いてみることにしよう。まだ午前中だからだろうか、館内はガランとしていて人影がなく、陳列された商品も少なく、やや寂しい光景が広がっていた。もっとも、駅ナカで備前焼を買って回れ右では、街なかの専門店街が寂れる一方である。駅ナカは観光案内所が充実していればよいのではないか、と私は思う。

　すると、観光案内所の女性スタッフが私に気づいて、にこやかにあいさつの声をかけてきた。

「なんだかずいぶん寂しい感じになってしまったんですね」

と、私はつい本音をこぼしてしまう。

「そうですね、コロナの影響もあって、以前に比べると電車に乗ってこられるお客さんが少なくなっていますので。でも、奥の方にはケーキ工房ができましたし、活気は戻りつつあるんですよ」

と、かつてそば店があったあたりを指さす。そこにはガラス張りの小部屋があり、中には厨房設備のようなものが並んでいた。

「ここで作ったケーキを、あちらの喫茶店で食べられますよ」

と、今度はガラスのドア越しに見えるUDOを指し示す。なんと、珍しいビールを飲めるだけでなく、駅ナカの工房で作ったケーキまで食べられるのか。これはかなり面白い店ではないか。問題は、相性か。ケーキとビールが、果たしてマッチするのかどうか。ともあれ、入店前に有力な情報を得られたのは幸いだった。

　照明をだいぶ落としているので、営業中なのかどうかがひと目では分かりにくい。UDOは、そんな喫茶店だった。店内に、先客はふたり。ランチの食事メニューが充実しているので、昼近くになればもっと賑わ

駅ナカのケーキ工房は、駅舎の外側からでも見学できる

ってくるのだろうか。ホーム側を向いた窓際の席に腰を下ろすと、若い女性店員がメニュー表を持ってきてくれた。注文の品は、もう決まっている。

コチビール。備前市内の小規模ブルワリーが手掛けるクラフトビールだ。たいへんな手間暇をかけて造られたビールなので、生産量が少なく稀少性が高い。岡山県内ではかなり知られた存在になってきているが、県外ではなかなか出合えない品だ。ロットが小さく手間がかかっているため、値段は高い。375㎖瓶で1700円もする。世の中にはもっと高いビールもあるだろうけれど、これまでに私が飲んだ中ではこれが最高値だ。合わせるケーキは、メニュー表では駅ナカで作っているのがどれなのか分からなかったので、店員に確認してからベイクドチーズケーキをオーダーした。

コチビールの最大の特徴は、培養された酵母ではなく空気中に存在する天然酵母を使用していることだ。それ製造工程で炭酸ガスなどを加えることもなく、酵母が自然に作り出す炭酸だけで泡を生み出している。それを無濾過で瓶詰めして出荷されるので、瓶の中で熟成が進む。出荷してすぐに飲むのと、半年冷蔵庫で寝かせてから飲むのとでは、味わいがまるっきり異なるという。なんだかワインのような話だ。私が訪れたのは2023年8月で、提供されたコチビールは同年3月に製造されたものだった。つまり、瓶の中で5か月間熟成が進んだものということになる。

早速いただこう。深い緑色のボトルから注がれるのは、紅茶のような深い橙色のビール。透明度が低く、少々濁りがあるようにも見える。ひと口含んで、舌で攪拌しながら口腔内を転がしてみる。味覚的にも、ワインに近い風味がある。もちろんブドウの香りはないのだが、フルーティーな甘みと、酢に近いような酸味が広がる。もちろん、ホップの苦味もほろりと走る。すべての要素がはっきりと主張してくるわりに、尖った印象はまったくない。全体の印象としては、とてもまろやかなのだ。

コチビールには、クリスタル調のお洒落なグラスがよく似合う

ラガー系のビールとは明らかに違う。エール系に近いことは近いが、やっぱり同じではない。IPAのようにガツンと苦味が突出しているわけでもないのだ。これが、自然発酵ビールか。ただし、寝かせた期間次第で味わいが変わるのだから、これが本来の風味と言いきることはできない。そもそも自然界には多種多様な種類の酵母が存在するわけで、培養せずに使うとなればまったく同じものは二度と作れないのではないだろうか。今私が飲んだ一杯は、世界唯一にしてこの先二度と飲めないものなのかもしれない。

ワインのようなフルーティーな甘みがあるのでケーキとの相性もよく、ホッと胸をなでおろした。ケーキも、駅ナカで作っていると思えば愛着が湧き、いっそう美味しく感じるものだ。ただ、ベイクドチーズケーキよりレアチーズケーキの方が、コチビールにはよりよく合いそうな気がした。

グラスに注ぐと、2杯と少し。3杯目は半分くらいあるかなと思っていたが、注いでみると4分の1くらいで瓶が空になった。おかしいなと思って瓶をよく見ると、ワインボトルのように瓶の底にくぼみの加工が施されていた。そして、瓶の中を覗き込むと、底には赤茶色の澱がたくさん沈殿していることに気づいた。こんなに澱が出るビールは、初めてだ。初めてづくしで感激したあまり、店員に申し出て空き瓶を持ち帰らせていただいた。中をしっかり洗い、水がこぼれないようにビニール袋に入れてテープで留めてくれた店員に感謝だ。店員は、澱が沈殿することについて

「思わず振って飲みたくなっちゃいますよね」

と笑っていた。しかし、これもワインと同じだとすれば、振って澱を舞い上げるのはタブーなのだろう。いや、それ以前に、振って開けたら祝勝会場のようになってしまう。味を知ると感覚が狂ってしまうが、これはワインではなくビールなのだ。

移住者の、移住者による、あらゆる人々のための駅酒場 ～尾道駅～

瀬戸内海沿岸の狭隘な場所に開けた街。すぐ目の前にはこんもりとした向島が浮かび、瀬戸内海が大河か

運河のように見える街。背後には低山が連なっていて平地が狭く、坂道が多い街。それが尾道だ。なぜこんなに窮屈な場所にこれだけ大きな街が開けたのかと不思議に思うところだが、その秘密は本土と向島の距離が橋を架けられるほど近いということにある。この狭い海（尾道水道を呼ばれる）を多くの船舶が航行するため、船舶密度が高くなる。必然的に古くから海運業が発達し、明治に入って鉄道が整備されると、物流の拠点としてますます発展していったのだ。

古くから栄えてきた街であるだけに、市内の随所に古い街並みが残されており、観光客の人気も高い。映画や小説、近年ではアニメの舞台になることもしばしばで、外国人観光客も多く訪れるようになっている。

コロナ禍で一度落ち込んだとはいえ、近年でも順調に観光客数を伸ばしてきた元気な街であるだけに、移住者も増えている。行政のサポートも手厚く、移住希望者に対して積極的に情報発信や支援金交付などの施策を打ち出している。また、尾道は人々の出入りが多い海運業で発展した街なので、古くからの住民たちも余所者に対する警戒心が薄く、移住者を快く受け入れる風土が定着している。東京や大阪など大都市からの移住を考える人々にとっては、「適度に便利、適度に長閑、穏やかな気候」という暮らしやすさも人気要因のひとつになっているようだ。

ビールを飲めるとは思えない外観。右手のタペストリーに「BEER」の記載がある

観光ニーズの高まりもあり、尾道駅は2019年に改築されて2階建ての現代的な駅舎に生まれ変わった。1928年築の旧駅舎を取り壊してしまうことに対して、惜しむ声も少なからずあった。個人的には、駅そばがある旧駅舎から駅そばのない新駅舎に変わってしまったことを残念に思うところだ。

観光客が多い街であるだけに新型コロナ蔓延の影響は大きく、新駅舎に入ったテナントは2021年までにコンビニエンスストアを除いてすべて撤退。一時的に、駅ナカに飲食店が1軒もない状態になってしまっ

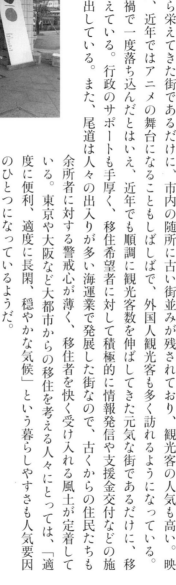

た。しかしその後、新型コロナの終息の兆しが見え始めると、新たなテナント店舗が入り賑わいを取り戻している。駅舎1階の東端にある「カンキツスタンドオレンジ」も、２０２２年の夏にオープンした新しい店だ。

その名のとおり、ここは柑橘類に特化したジューススタンド。尾道市内産のミカンやレモンなどを使った各種ドリンクを中心に提供している。その中に、柑橘類で風味づけをしたクラフトビールがある。それも、狭い店内にはいささか大きすぎるようにも感じるサーバーから注ぎ入れる生ビールだ。この日ラインナップされていたのは、尾道産のミカンを使った「しまなみゴールデンエール」と、高根島（旧瀬戸田町、現尾道市）産の「瀬戸田ライムＩＰＡ」。このうち、若い男性店員が「個人的に好き」と勧めてくれたしまなみゴールデンエールを飲んでみることにした。

5坪ほどしかない小さな店舗の大半は商品陳列スペースなので、グラスに注がれたビールをどこで飲めばよいのか分からない。逡巡していると、店員が受渡カウンターで飲んでよいと教えてくれた。次の客が入ってきたら邪魔になってしまうような場所だが、それほど客数は多くないのだろうか。あるいは、店内で飲む客よりプラカップでテイクアウトする客の方が多いのかもしれない。

柾目の木製カウンターテーブルと同じような色合いの、金色のビール。エールビールだからもともと柑橘を連想させるような酸味とフルーツ感があるのだが、それらが少し強調され、太陽光の香りを足したような風味だ。すなわち、爽快感と少しばかりの香ばしさだ。きっと、南側を向いた山の斜面で、日光をたっぷり浴びて育ったミカンを使っているに違いない。そう思わせる味わいだった。

店員の目と鼻の先で飲むことになったので、飲んでいる間にいろいろな話を聞けた。この店は、平日はジュースタンドとして営業しているが、週末の夜には酒類メニューを強化し、つまみなども用意した立ち飲

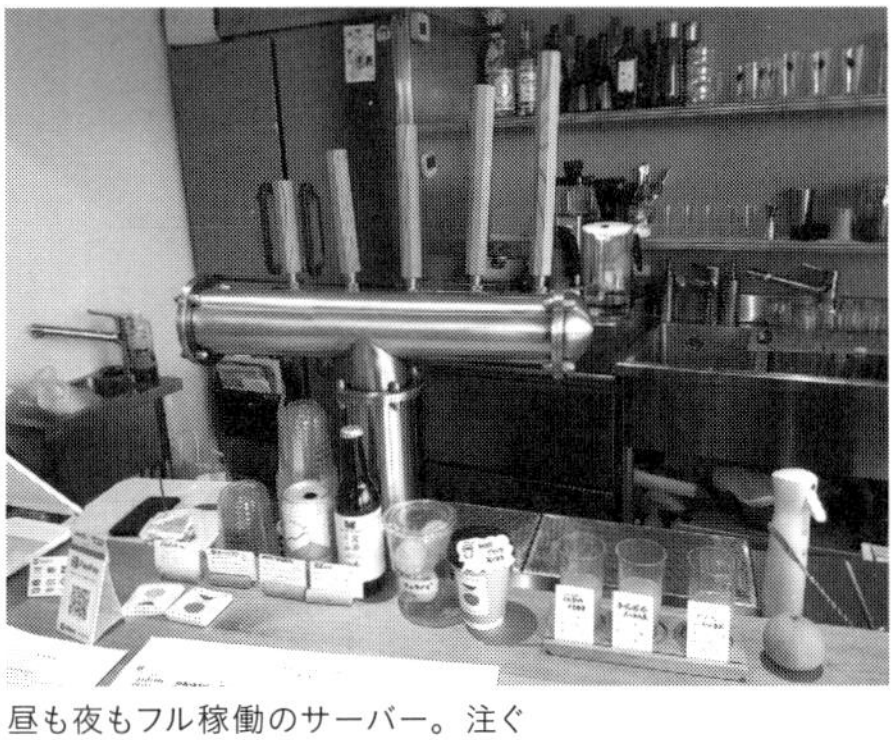

昼も夜もフル稼働のサーバー。注ぐ様子を間近に眺められるのもうれしい

み店「気まぐれスタンドＤＡＩＤＡＩ」に変身するという。この狭いスペースでどうやって立ち飲み店を運営するのかと不思議に思っていたら、カウンター上に並んでいる商品サンプルなどをすべて片付け、建物の外にも簡易的な客席を増設するのだという。増設席は、ミカンなどの収穫ケースを積み重ねて、天板をのせたものだという。柑橘へのこだわりは、こんなところにも感じられる。

　この男性店員は静岡からの移住者であり、店のオーナーも移住者。さらに言うと、しまなみゴールデンエールを醸造するブルワリーのオーナーもまた移住者だという。この店舗を駅ナカに開いたのは、古くからの住民と移住者と観光客が一堂に会する場所だから。特に観光客が多く繰り出す週末に、三者の交流の場を提供していきたいのだという。言うなれば、移住者の、移住者による、あらゆる人々のための駅酒場だ。

オリジナルグラスでの提供。金色のビールとクリーミーな泡のコントラストが見事に映える

　よし、次回尾道を訪れるのは、ぜひ週末の夕方以降にしよう。もしかしたら、ここで酒を酌み交わしている間に、私も尾道へ移住したくなってしまうかもしれない。

ご当地サワーで屋台ムードを満喫　～広島駅～

　目下、広島駅南口は大幅なリニューアル工事のさなかにある。路面電車を高架化して駅ビルの2階へ乗り入れるようにするもので、新しい駅ビルは２０２５年の春に開業する予定である。駅ビルにはホテルや映画館、大型商業施設などが入る予定で、完成すればさぞかし賑やかになることだろう。しかし、工事中の現在は、南口側にはほとんど店舗がない状態である。

　現時点で駅酒場が充実しているのは、新幹線口側の駅ビルだ。新幹線口側には、山陽新幹線の開業に合わせて「広島新幹線名店街」が整備され、40年以上にわたって親しまれてきた。２０１８年に惜しまれながら閉館した後、全面リニューアルして「ｅｋｉｅ」がオープンしている。昭和の名店街から令和の駅ナカモールへ変貌を遂げたわけだ。

広島駅で、行き当たりばったりで駅酒場を探す場合、おそらく真っ先に向かうことになるのはｅｋｉｅだろう。中でも、改札とフラットの２階にあり、距離的にも改札から近いエリア「エキエバル」に足が向くのではないだろうか。エキエバルには10軒以上の飲食店が集まっており、酒も飲める。広島ならではメニューを提供する店も、あることはある。しかし、東京でも頻繁に見かけるような全国チェーンが多い。また、まだ新しいこともあって店内の熱気が通路にまで漏れ広がるような横丁ムードがなく、全体的に小ざっぱりしすぎている。大型ショッピングセンターのレストランフロアのような雰囲気なのだ。端的に言うと、鉄道の匂いがしない。店の善し悪しということではなく、駅酒場というジャンルに対する考察材料が少ないのだ。本書では、この手の店をあまり取り上げたくない。

そこで、エキエバルからエスカレーターで1階に下り、「エキエダイニング」のエリアまで足を伸ばしてみる。この一角には、お好み焼き店が連なる「廣島ぶちうま通り」があり、通路が狭くて人の密度が高い。各店とも間仕切りがないから湯気やソースの匂いが通路にもうもうと立ち込めている。完全に横丁ムードだ。かつての名店街の雰囲気が踏襲されていると言ってもいい。だから、ここの方が鉄道の匂いを強く感じる。

ただ、ここを目当てに訪れる人も多く、どの店舗にも行列が出来ている。入店待ちの行列に加わる気はないので、私はぶちうま通りから少し外れたお好み焼き店「広島乃風」に入ってみることにした。こちらはたいへん規模の大きな店なので、ピークタイムを外せば行列ができるようなことはなく、ふらっと寄ってサッ

マネキン人形だけでなく、背後には網に入ったキャベツまであり、芸が細かい

と飲める。

ぶちうま通りが横丁風なら、こちらはさしずめ屋台風だ。フロア内にお好み焼きの屋台を連ね、そこが客席になっている。ただし、屋台の鉄板でお好み焼きが焼かれることはなく、料理もドリンクも厨房から運ばれてくる。客と対峙してお好み焼きを焼いているように見せかけているのは、マネキン人形だ。意図的に屋台ムードを演出しているので、テーマパーク型の飲食店とも言えそうだ。その意味では、第2章で紹介した大宮駅「大宮横丁」とコンセプトが近似していると考察できる。

お好み焼き店なのだからもちろんお好み焼きも食べるが、お好み焼きとドリンクの注文だとドリンクだけ先に出てきてしまうだろう。そう考えて、すぐに提供されそうな一品料理として小イワシ南蛮もオーダー。お好み焼きはベーシックな肉玉そば、ドリンクは広島ならではのチー坊サワーを選択した。

チー坊サワーは、マスコットキャラクターがプリントされた専用グラスで提供

チー坊は、広島県内に本社がある食品メーカー「チチヤス」の主力商品。チチヤスは1886年に創業し、日本で初めてヨーグルトを発売した企業としても知られ、現在もヨーグルトや牛乳、乳酸菌飲料などを主力商品とする。チー坊は乳酸菌飲料の原液で、一般家庭では水で薄めて飲む。東京で例えれば、カルピスに近いイメージだ。風味としては、カルピスより少々甘みが強く、ヤクルトを連想させるような味わい。少し赤みがかった色合いも、ヤクルトに近い。チチヤスの商品は全国に普及しているので、これ自体は特段珍しいものではない。しかし、居酒屋のドリンクメニューにラインナップされているのは広島ならではだと言えるだろう。

案の定、小イワシ南蛮とチー坊サワーがなくなる頃に、お好み焼きが登場。今度はチー坊ハイボールを注文して、2回戦に突入だ。チー坊を使ったドリンクメニューは、この他にもチー坊ワインやチー坊こだわりレモンサワーなどいろいろあり、いかに地域で愛されている飲料であるかが推察できる。

広島のお好み焼きは、粉ものではなく麺料理。もっと言うと、キャベツ料理だ。そう言いたくなるくらいに、焼きそばと千切りキャベツの分量が多い。これはこれで美味しいし、酒も進むのだが、正直に言うとどこか物足りなく感じる部分もあった。それはきっと、目の前の鉄板で焼かれたものではないということだろう。先入観の問題なのか、厨房から運ばれてくるまでの数十秒の間に何らかの変質をするためなのか、今ひとつ舌にしっくりと馴染まないのだ。やっぱり、お好み焼きは目の前で焼くのがベストだなと痛感し、すぐ目の前にある鉄板がまったく稼働していないことを残念に思うのだった。

お好み焼きのボリューム感は秀逸。ちょい飲みより、本腰を入れて飲みたくなる

ヒントは温泉地の郷土そば？ 酒の肴は茶そばの鉄板焼き ～下関駅～

関門海峡に面した下関市は、山口県最西端にして本州最西端でもある街。古くから港湾業や海運業、水産業などで発展し、中でもフグの水揚げ量は全国の80％ほどにも及ぶ。駅そばでも「ふく天そば」を提供するほど、生活の中に深く根づいているのだ。人口は20万を大きく超え、県庁所在地の山口市よりも多い。経済的な中心都市が人口で県庁所在地を上回るケースは、山口県のほかに福島県や群馬県、三重県でもみられる。このうち勘違いしやすいのが三重県と山口県のようで、中学時代だっただろうか、このふたつは社会科のテストに出題された記憶が残っている。

下関駅の駅ナカ店舗は、改札の外に集約されている。東京から九州へ直通する寝台特急が走っていた時代には、下関駅で機関車交換のための停車時間が設けられ、その時間を利用して多くの乗客がホームの駅そばに殺到したものだ。しかし、寝台特急は２００９年に廃止され、下関駅を発着する列車は普通列車（快速含む）のみとなる。それにつられるようにして、ホームの駅そばも２０１２年に姿を消してしまったのである。

いっぽう、改札外のエリアは、２００６年の不審火による駅舎焼失後に順次リニューアルが進められていった。２０１３年には駅そばが復活し、再び下関駅でふく天そばを食べられるようになった。そしてその向かいには、カジュアルな郷土料理店で酒類も提供する「味庵しものせき」がオープン。立派な駅ビル「リピエ」も建設され、多くのテナント店舗が入り賑わいを取り戻している。しかし、現在の栄華は、駅舎焼失とホーム上からの賑わい消失というふたつの悲しい歴史が礎になっていることを忘れてはならないだろう。

テーブル席が中心でダイニング志向の「味庵しものせき」だが、ひとり客向けに横並びタイプの席も用意されていた。出入口から近い場所に横並びの席、奥まったところにテーブル席。このフロアレイアウトは実に合理的だ。駅ナカの飲食店を巡っていると、これが逆の配置になっている店に出合うこともある。椅子のない立ち食い席や立ち飲み席がフロアの一番奥にあるという奇妙なレイアウトになっていることとすらある。客の回転が速い席を出入口付近に設けるのが、もっとも合理的だと思う。

分厚いメニューブックを開き、ぱらぱらとめくる。メニューの種類がとても多い店なので、目移りしてしまう。こういうときには、ドリンクを先に選んで、それに合う肴を考えるのが手っ取り早い。ドリンクのページには、日本酒が6種記載されている。注文を取りに来た女性店員に「この中に山口県の地酒はありますか？」と尋ねると、剣菱を除く5つはすべて山口県の地酒だという。有名なのは獺祭だが、これは東京にも飲める店がたくさんあるし、私自身もこれまでに何度も飲んでいる。どうせならまだ飲んだことがないものを楽しみたいので、残る４つの中から直感で金冠黒松を選択した。岩国市の地酒だ。

間口は狭いが、店内は広々。グループでも気軽に入れる

日本酒に合わせるのなら、肴はやっぱりそばがいいかな。そう思い、唯一ラインナップされていたそばメニューの「茶そば鉄板」をオーダー。なぜフグを食べなかったのかと思う部分もある（「ふく刺し」の扱いがあった）けれど、茶そば鉄板にもピンとくるものがあったのだ。

金冠黒松は、升の中にグラスを入れ、グラスから溢れるほど注いでの提供。グラスでの提供だから純米なのか吟醸なのか明確には分からないが、口あたりの軽さや飲みやすさ、さらに価格も含めて推せば、上撰だろう。ある程度量を飲みたい時に好適な酒だ。だからこそ、グラスから溢れるほど注いでくれたことが嬉しかった。酒を溢れさせるかどうか。この一点で、店の器量が推し量れる場合もある。

茶そば鉄板は、その名のとおり茶そばを鉄板で焼いたもの。牛肉のそぼろと錦糸玉子、刻み海苔、青ネギ、そしてレモンともみじおろしがトッピングされ、彩りがとても美しい。レモンともみじおろしという個性的なトッピングがされているのを見て、想像は確信に変わった。これは、市の北部に位置する川棚温泉の名物郷土そば「瓦そば」にヒントを得た創作料理だ。陶板（屋根瓦）の上で焼くから瓦そばと呼ばれるのだが、この店では瓦での提供ができないため鉄板焼きのスタイルにアレンジしているのではないだろうか。

焼くことで茶そばの香りに香ばしさが加わり、様々な薬味が乗せられることもあってとにかく香りが印象的だ。具材がてんこ盛りだから、食べ進め方が少し難しい。瓦は中央部が盛り上がっているのだから、川棚温泉の瓦そばはいっそう食べ方が難しいのではないだろうか。両端に滑り落ちてしまいそうな気がする。

麺の外側が少し固くなって、中心部にはモチモチ感が残る。食感も楽しいではないか。先ほど、「広島のお好み焼きは麺料理」と書いた。茶そば鉄板もこれに通じるものがある。瓦そばも同様なのではないだろうか。中国地方には、麺を焼いて具材をどっさり盛りつける食文化が発達

レモンの上にもみじおろしをのせるのが特徴的。川棚温泉の瓦そばと共通している

する風土が備わっているのかもしれない。そして、麺を鉄板で焼けば、間違いなく酒に合う料理になる。日本酒もよいが、ビールやサワー、ハイボールとの相性もよいに違いない。

じゃこ天は、うどんにもそばにもビールにも ～松山駅～

四国4県の鉄道駅の中で最も駅飲み環境が整っているのは、徳島駅である。駅ビルの地下に「徳島駅バル」と名付けられた飲み屋街があり、10軒ほどの店が連なっている。中には、郷土料理や地ビールを楽しめる店もある。しかし、広島駅の「エキエバル」と同様に、ここには鉄道の匂いがあまり感じられない。したがって、本書では徳島駅を深く掘り下げないことにする。

私が向かったのは、松山駅だ。松山市の中心市街地にあるのは伊予鉄道の松山市駅で、JRの松山駅は少し外れた場所にある。だから、四国でもっとも人口が多い街の代表駅にしてはこぢんまりしていて、駅ナカの店舗も決して多いとは言えない。改札内外両側から利用できる駅そば「かけはし」と、カレー店、イートインカフェを併設したクッキー店。あとは、駅舎に隣接してラーメン店とステーキ店がある程度。しかし、この中でもっとも鉄道の匂いが濃い「かけはし」で、実に印象深いちょい飲みを楽しむことができるのだ。

レトロ感たっぷりの外観が、旅情を誘う

この店には、じゃこ天の実演販売店が併設されている。揚げたてを1枚から購入することができ、そのまま列車内に持ち込んで食べるのも風情があってよいものだ。駅そばの名物メニュー「じゃこ天うどん」にも、このじゃこ天が用いられる。じゃこ天は、四国の各地で出合えるのに四国以外ではなかなかお目にかかれない郷土料理。グチやハランボなどの近海魚を皮や骨ごとすり身にして素揚げしたもので、塩気と磯の香りがたまらない一品だ。うどんやそばにトッピングすれば、つゆに浮かべておくだけで濃厚な出汁が広がる。

四国の中でも、製造業者や地域によって味わいが異なる。本場の愛媛県宇和地方には昔ながらの製法で手作りする業者が残っているが、その他の地域では機械製造が中心。使う魚の種類も異なり、宇和地方以外では白身魚を多く配合してさつま揚げに近い弾力や甘みを感じることが多い。これはこれで美味しいのだけれど、宇和島出身の母のもとで日常的に宇和島のじゃこ天を食べて育ってきた私にとっては、淡白すぎてどこか物足りなく感じる。

その点、「かけはし」のじゃこ天は、宇和島市の老舗「安岡蒲鉾店」のものを使用しているので、本場の味を楽しめる。そしてありがたいことに、生ビールとじゃこ天がセットになった「ちょい飲みセット」を設定しているのだ。

じゃこ天には、大根おろしが添えられる。青魚に特有の磯の香りが苦手な人にとってはありがたいことかもしれないが、個人的には不要なものだ。大根おろしがあると、つい醤油をかけたくなるところ。しかし、じゃこ天自体に適度な塩気があるので醤油も必要ない。じゃこ天は、そのまま食べるのが一番美味しいのだ。大根おろしの辛みや醤油の香ばしさはかなり強いもので、じゃこ天本来の風味を上書きしてしまう。あえて醤油をかけるとすれば、じゃこ天ではなく大根おろしに数滴垂らし、じゃこ天と大根おろしを別々に食べることをオススメしたい。

「シンプルイズベスト」を痛感するちょい飲みセットだ

じゃこ天は、ひと口大にカットせず、1枚まるごと提供。かぶりつく楽しみもある。ひと口かじれば、目の前には宇和海の穏やかな夕景が広がるかのようだ。もちろん、キンキンに冷えた生ビールとの相性も抜群だ。じゃこ天は、合わせる酒を選ばない。ビール、日本酒、焼酎。いずれにも合う。ワインは試したことがないが、やっぱり合うのではないだろうか。

　松山は、高松方面と宇和島方面を往来する際には、必ず乗り継ぎが発生する駅。生ビールとじゃこ天１枚なら、乗り継ぎのわずかな時間でも充分楽しめる。乗り継ぎのデッドタイムを上手に活用して、鉄道旅をいっそう思い出深いものにしてみてはいかがだろうか。

歩き遍路中には寄れなかった駅酒場　〜窪川駅〜

　２０２２年の冬から春にかけて、私は四国88か所霊場を巡拝する〝歩き遍路〟を敢行した。合計１２００kmに及ぶ道のりを4回に分ける〝区切り打ち〟で歩き、88か所の霊場とともに88杯のうどんを食べる。そんなチャレンジ企画だった。当時の記録は拙著『へんろ道、うどん道』（イカロス出版）にしたためているので、関心のある方は是非ご一読を。

　私は、取材旅行では青春18きっぷなどを使い、鈍行列車で移動することが多い。その狙いは、交通費を安くあげるだけでなく、次作以降のネタ探しを兼ねて引き出しを肥やしておきたいからでもある。移動スピードが遅いほど、多くのネタを引き出しに溜めることができるのだ。極論を言えば、徒歩移動がベスト。したがって、歩き遍路はこの上ないロケーションハンティングの機会にもなったのだった。

　歩き遍路で窪川駅前に差しかかったときには、駅舎の待合室内に「しまんとえきめしＦＯＲＭ」という真新しい飲食店がオープンしていることを確認していた。食べていこうかという欲求も湧いたのだが、朝から夕方まで歩き続けて体力を激しく消耗していたこともあり、先を急いだ。鉄道でのアクセスだと実感しづらいのだが、窪川（四万十町）の街は標高

待合室内の出入口なのに日除けがある。面白い外観の店舗

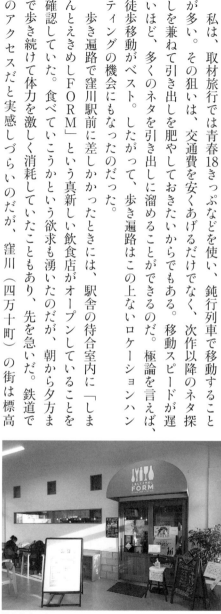

220mほどの高台の上に開けており、歩き遍路では難所の七子峠を越えてようやくたどり着く。加えて、この時点ではまだ「遍路中は酒を断つ」と決めていた。この店は四万十鶏を使った鶏唐揚げと地酒が売りだから、入店したら間違いなく飲んでしまう。次作以降に開ける引き出しにそっとしまうことにして、心を鬼にして通過したのだった。

もっとも、遍路中の断酒は、同日の夜に破られてしまうことになる。窪川駅から徒歩10分ほどの第37番札所・岩本寺の宿坊に投宿し、そこで勝手知ったるベテラン遍路と出会ってしまったのが運の尽き。夜な夜なふたりで宿坊の台所をガサゴソと漁り、焼酎を飲んだのだった。ともあれ、このたび本書の企画を立ち上げたことで、肥やしておいた引き出しは役に立つこととなった。

ウッディな内装のフロアには、テーブル席とカウンター席。テーブル席にはグループ客が陣取り、すでにだいぶ出来あがっている。ひとりで入店した私は、カウンターに落ち着くことにした。カウンターといっても、客席と厨房の間には日本酒や焼酎の一升瓶がたくさん並んでいて料理のやり取りはできず、カウンターとしての機能は果たしていない。注文取りも料理の提供も、店員が厨房から出てきて行った。

まずは、四万十鶏の唐揚げで生ビールを流し込もう。四万十鶏は、低カロリーでプリッとした歯ごたえの肉質が特徴だ。そのムネ肉を大きめにカットし、生姜醤油にニンニクなどを加えたタレに漬け込んで下味をつけ、衣をつけてカラッと揚げる。ムネ肉だからモモ肉のような脂っこさはなく、淡白で優しい味わいだ。これまでに紹介してきた店では、鶏唐揚げにはハイボールを合わせてきたけれど、ビールにももちろんよく合う。

喉が落ち着いたところで、日本酒に切り替える。カウンター上に並んだ一升瓶の中で真っ先に目が向いたのは、「土佐鶴」。高知市と室戸岬の

生ビールは、細く背の高いグラスで提供。ラガービールに適したグラスだ

カウンター上にそびえる一升瓶の壁。
ラベルを眺めるだけでも楽しい

ちょうど真ん中あたりに位置する安田町の地酒だ。これは、歩き遍路中にも飲んだ酒。岩本寺の宿坊で断酒を破り、今度こそ酒を断つぞと誓ったはずなのに、その翌日は神奈川から来ていた遍路と同じ場所で野宿をすることになり、彼がリュックの中に忍ばせていた土佐鶴を寝酒にいただいたのだった。ただでさえ荷物が重たい歩き遍路なのに、日本酒を背負って歩くなどとても正気とは思えなかったものだ。

その想い出もあって土佐鶴を飲みたかったのだが、残念ながら切らせているという。こうなると、もうどれがどこの酒だか分からないので、店員に尋ねて「瀧嵐」の本醸造をいただくことにした（巻頭カラー写真参照）。こちらは、四万十川と並んで水質がよいことで知られる仁淀川の畔に位置するいの町の地酒だ。肴は、煮もの、おひたし、ポテトサラダがセットになった「おばんざい小鉢セット」。

とてもムーディーな店なので、酒はきっと脚付きのお洒落なグラスで出てくるのだろうと思っていたら、ずん胴のグラスを升の中に入れての登場だった。私の目の前で注ぎ入れ、ちゃんとグラスから溢れさせてくれる。純米酒や吟醸酒はともかく、本醸造酒はこのくらい豪快に飲みたい。店内の意匠から料理の盛りつけ方、味付け、そして食器の選び方まで、私は全体的に女性的で繊細なセンスを感じていた。その中で、日本酒の提供方法だけは、豪気な男性的センスを感じたのだった。

駅ナカ移転で想定外の客層拡大 ～宿毛駅～

本章の最後に紹介するのは、土佐くろしお鉄道宿毛《すくも》線の終着である宿毛駅。宿毛線は、国鉄時代に中村線延伸の形で着工するも、１９８０年の国鉄再建法施行に伴い頓挫。その後中村線は特定地方交通線に選定され、第三セクターとして発足した土佐くろしお鉄道に移管される。移管後に宿毛線の工事が再開され、1997年に開業した。国鉄時代の着工から23年もの歳月を費やして、遂に宿毛まで線路がつながったのである。

中村線は、大半が地平線路。これに対して宿毛線は大半が高架線路になっている。窪川・中村間が国鉄時代の線路設備をそのまま使用しているのに対し、中村・宿毛間は第三セクターに移管されてから新たに建設されたものであることがよく分かる。

宿毛駅も、高架ホームである。高架駅は、高架下に活用できるスペースが生まれるため、駅ナカが発達しやすい。宿毛駅にも、改札からひと続きになった高架下スペースに、観光案内所と土産物店、そしてお好み焼き店「もくもく屋」が入居している。このうちの「もくもく屋」では生ビールを提供しているから、本書で定義する駅酒場に含まれる。

新しい店なのに、どこか懐かしい雰囲気。移転時に最も苦労したのは、排煙設備の確保だったという

実は、私は窪川駅「しまんとえきめしFORM」と同じように、歩き遍路の際にこの店の情報もネタの引き出しに入れてあった。ただし、2022年3月の時点では、この店は宿毛駅構内ではなく駅から南へ2km ほど離れた海沿いに位置する道の駅「すくもサニーサイドパーク」内にあった。その後、宿毛駅構内へ移転してきたわけだ。移転するからには、駅ナカに店を構えるメリットがあるはず。これは駅酒場について考察するうえで重要な話を聞けるに違いないと考え、四国最南端の駅までやって来たのだった。

店内には、ボックスタイプの4人席が4卓。お好み焼き店としては、こぢんまりしている方だろうか。各席に鉄板が備わっており、第5章で紹介した広島駅「広島乃風」とは違って客が自ら焼くスタイルだ。出入口脇には子供向けの玩具をたくさん陳列し、販売している。そのため、どこか昔ながらの駄菓子屋のような雰囲気も滲み出ている。

早速お好み焼きをいただこう。地元のブランド豚で作られたソーセージ「すくも豚フランク」がトッピングされる「豚フランク」がラインアップされていたので、これを食べてみることにする。高知県内では宿毛市内の養豚場でのみ育てられている「ケンボロー豚」という品種の豚肉を100%使用し、脂が軽くさっぱりした旨みが特徴なのだとか。一緒に生ビールも注文し、お好み焼きが出来あがるタイミングで提供してもらうことにした。

お好み焼きは、ステンレスのカップに具材を綺麗に並べた状態での提供。これを、カップの中でかき混ぜて、鉄板の上に流し込む。あとは自分の好みに焼きあげればいい。ただ、中にはうまく焼ける自信がない人もいるだろう。その場合には、申し出れば店主の平田さんがうまいこと焼いてくれる。私も、焼いているシーンの写真を撮りたかったので、平田さんにお願いして焼いてもらった。慣れた手つきで2本のへらを操り、端から中央へ寄せて上から押してひっくり返し、寄せて押してひっくり返し。これを何回か繰り返すと、綺麗な円形に整えられていく。焼きあがったら、専用のソースと青海苔を振りかけ、へらを下向きに握り替えてサッサッと16等分にカットする。最後にマヨネーズをジグザグにかければ、完成だ。

生地にはヤマイモを混ぜてあり、フワフワモチモチの食感。特有の甘みもあって、とても美味しいと同時に、家庭的な優しさも感じる味わいだ。その中で、すくも豚フランクが猛然と主張してくる。一般的なソーセージより肉の密度が高いのか、歯ごたえが強い。そして、一緒にトッピングされる豚バラ肉とは旨みの質がまったく異なる。豚バラは、旨みが濃厚だけれど生地や他の具材としっとり調和する。協調性の高い旨みだ。一方のすくも豚フランクは、旨みはさっぱりしているけれどロースト香があるぶん主張が強く、噛みしめるたびに主役の座を窺うのだ。優れたリーダーシップを発揮する旨みと表現していいだろうか。

ビールとの相性は、疑うまでもない。ビールをひと口飲めば、お好み

すくも豚フランクは脂が多いように見えるが、しつこさはなくさっぱりしている

焼きが恋しくなる。お好み焼きを頬張れば、ビールが恋しくなる。飲んでは食べ、食べては飲み。これを無限に繰り返して、止めるタイミングを完全に見失ってしまう。ふと気づいたときには、ジョッキも皿も空になっていた。

鉄板の火を止めてから、平田さんに少し話をうかがうことができた。平田さんが夫とともにお好み焼き店を開いたのは、30年ほど前のこと。道の駅すくもサニーサイドパークがオープンするに当たり、テナントの空きが1物件だけ残っていたところに滑り込んだという。それまでの飲食店経営の経験は皆無。それなのに、なぜお好み焼き店を始めようと考えたのか。

平田さんの夫は市内で製材所を営んでいたが、1980年代に入って輸入木材のシェアが高まり、不景気に見舞われる。そこで、少しでも売り上げを伸ばそうと、製材する際に出る木材の切れ端を利用して木工品を作り、近所のスーパーマーケットで開かれる金曜市に出品していた。

ある日、同じく金曜市に出店していた屋台の大判焼き店を見て、夫がふと思ったという。

「製材所は注文が入らないと売上ゼロだけれど、大判焼き店なら毎日収益があがる。これはよい商売だ」

ちょうど道の駅のテナントがひとつだけ空いていたこともあり、お好み焼き店を始めることにしたのだった。大判焼きではなくお好み焼きにしたのは、材料を用意すればあとは客が自分で好きなように焼いてくれるから、飲食未経験でも始めやすいと考えたのだという。

もっとも、この時平田さんは猛反対したそうだ。まだふたりの子が手のかかる年頃で、家事で手いっぱいで飲食店経営どころではないと考えていたためだ。しかし、平田さんの反対を押し切って「もくもく屋」を開いた。平田さんの夫は、後にメダカの養殖にも乗り出し、その道では

お好み焼きを焼く平田さん。未経験から始めて、今ではこの道30年以上のベテランだ

鉄板から皿に取って、すぐ食べる。やっぱり、お好み焼きはこのスタイルが一番だ

知られた存在になっている。突拍子もないアイデアを次々に生み出し、やると決めたら必ずやり通す、芯の強い人物だったという。しかし、若くして病魔に倒れ、現在は平田さんとその娘さんが店を切り盛りしている。

オープン以来、長きにわたり道の駅のオアシススポットとして順調に営業してきた。特に夕方以降の時間帯には、大型トラック運転手の間でたいへん重宝されていたという。しかし、2022年に道の駅の全面リニューアル構想が持ち上がり、テナントを退去せざるを得なくなってしまう。

移転先を模索するにあたり平田さんが重視したのは、「駐車場がある物件」だった。車で訪れることを前提とする道の駅で長年営業しており、常連客をつなぎとめるには駐車場が必要不可欠だと考えたのだ。

そこで白羽の矢を立てたのが、裏手に広大な駐車場を擁する宿毛駅だったのだ。ちょうどテナントスペースが空いていたこともあり、私が遍路で宿毛を歩いた翌月の2022年4月に、駅ナカで再出発を果たしたのだった。

車で寄りやすい場所という、私にとってはやや意外に思える着想からの駅ナカ移転だった。もっとも、移転後に客層はだいぶ変わったそうだ。

「道の駅時代の常連さんは、移転後にも車で食べに来てくれています。でも、その他に、駅周辺に住んでいる方々とか、工業団地に勤める方とか。いろいろな方が食べに来てくれるようになりました。仕事帰りにビールを飲んでいかれる方も増えました」

国道から外れているうえ、駅の駐車場には大型トラック用のスペースがない。長距離トラックの運転手は来られなくなってしまったかもしれないが、客層の幅は確実に広がっているようだ。私が訪れたときにも、4つのテーブルはすべて埋まっていた。昼下がりの時間帯には地元のお年寄りたちが外出ついでのひと休みに寄るようで、中にはお好み焼きを

注文せずにソフトクリームだけ食べて出ていく人もいた。

駅ナカに飲食店が1軒しかなければ、その店はオールラウンド化していく。第1章で展開した持論が、この店にも当てはまっているように思う。メニューの中におでんやうどんがラインナップされていることも、娘さんのアイデアで入口付近に子供向け玩具などを並べていることも、持論の裏付けになっているのではないだろうか。

第六章

九州の駅酒場

8時間続くハッピーアワー ～博多駅～

5月。コロナ禍の出口が見え始め、ポカポカと暖かい陽気に包まれた博多の街は、だいぶ活気を取り戻しているようだった。行き交う人々が明らかに増え、飲食店に入ればどこも盛況。駅構内には、通勤通学などの日常的な移動をする人々だけでなく、観光客らしき大荷物を抱えた人の姿も目立った。とりわけ、一時はまったく見なくなっていた外国人観光客が急増しているように感じた。

全国の鉄道駅の中で、駅酒場がもっとも充実している駅を直感的に挙げるなら、私は博多駅を選びたい。店の数や密度などを集計したわけではないけれど、他のどの駅と比べても駅ナカで飲むことがごくごく当たり前の文化として根づいているように感じるのだ。

まず、地下街が活気にみなぎっている。博多駅地下街に博多1番街、アミュプラザ地下街、デイトス地下街、サンプラザ地下街に加えて、博多駅地下街から直結している博多バスターミナルにまで地下街が形成されている。単純に地下街の規模で比較するなら、博多より天神の方が大きいかもしれない。しかし一本道の天神地下街よりも迷宮のごとく複雑に入り組んだ博多の地下街の方がインパクトは強く、私好みの横丁ムードにも富む。

そして極めつけが、改札階である駅舎1階に整備されたマイング博多だ。これまでに紹介してきた東京駅や広島駅といったマンモス駅にも、グランスタやぶちうま通りという横丁ムード漂う飲み屋街は形成されていた。しかし、どちらも改札のひとつ下のフロアだった。仙台駅の牛たん通りやすし通りは新幹線の改札と同じ階だが、駅のメインフロアは在来線改札がある2階で、これもやはりワンフロア上である。これには駅のメイン動線をスムーズに確保する狙いがあると思われ、雑多な飲み屋が連なるエリアは改札階に設けないことが多いわけだ。ところが、博多駅には、改札階のマイング博多にも飲み屋街が形成されているのだ。

マイング博多には、横丁ムードのある飲食街がふたつある。明太子うまか通りとマイング横丁だ。このうち明太子うまか通りはメインコンコースから見て最も奥まったところにあるので、まだ理解できる。しかし、マイング横丁はメインコンコースから入ってすぐの場所。このような場所に横丁が設けられるのは、かなり珍しいケースなのではないだろうか。

マイング横丁内には、間仕切りのない開放的な立ち飲み屋「よかたい」がある。狭い通路にビールケースを積み上げて天板を乗せた簡易的な立ち飲み席が増設され、そのすぐ向かいがコンビニエンスストア。東京ではちょっと想像しがたい光景だ。

明太子うまか通りよりも改札から近いので、さぞかし混雑が激しいのだろうと思いきや、意外とそうでもなかった。賑わっていることは確かだけれど行列ができるようなことはなく、私は待たずに入ることができた。通路にまで立ち飲み席が増設されているから、入店待ちの行列を作るのは事実上不可能。満席なら明太子うまか通りへ、という流れが出来あがっているのかもしれない。飲み屋の店舗数は明太子うまか通りの方が多いから、最初からそちらへ向かう人も多いだろうか。だから、マイング横丁はむしろ穴場であるようにも感じた。

立ち飲み屋だが、椅子席もある。軽く一杯飲むのに使い勝手のよい店

では、一杯いただこう。ドリンクメニューは、オーソドックスだ。日本酒と焼酎には地元のものがラインナップされていたが、どちらもこの後九州各地で飲む予定がある。一部のドリンクが割安で提供されるサービスタイム「ハッピーアワー」の入店だったこともあり、割引が適用されるグレープフルーツサワーを選択した。その代わり、合わせる肴は博多らしいものを選ぶ。「よかたい名物」と銘打たれた、ぐるぐる鶏皮と博多一口餃子を注文だ。ちなみに、この店のハッピーアワーは、10〜18時。なんと8時間もハッピーアワーが続くのだ。1日の営業時間のうち、半分以上がハッピーアワー。このような設定は、街なかの居酒屋ではあまり見ない。午前中から営業する駅酒場ならではの設定だろう。

ぐるぐる鶏皮は、言ってみれば焼鳥の鶏皮。ただし、細かく切って串を打つのではなく、細長く切り出し

ぐるぐる鶏皮には、ざく切りのキャベツが付く。これも充分つまみになる

て串にグルグルと巻きつけてあるのが特徴だ。発祥は福岡市内の焼鳥店で、鳥肌のブツブツした食感や脂っこさが苦手な人でも食べられるようにと考えて、１９６８年に生み出された。これが評判となり、市内の焼鳥店や居酒屋などに広まっていった。発祥店でのメニュー名は、「とりかわ」。これだと一般的な鶏皮の焼鳥と混同すると考えたのか、他店が類似メニューを提供する場合にはメニュー名が微妙に変化するのが面白い。何度も繰り返し焼くことで余分な油を落としてあるので、意外なほどさっぱりしている。外側にはカリッとした焼き目がつき、中はモッチリ。食感のコントラストも印象的だ。

一方の博多一口餃子は、１９４９年に創業した中洲の中華料理店が発祥とされる。一般的な焼き餃子よりもやや小さく、ひと口で頬張れるサイズ。なぜ小さくなったかというと、これは水餃子をもとに考案されたからにほかならない。水餃子は、茹でることで大きくなるため、少し小さめに作るのが一般的。それを焼き餃子にアレンジしたため、ひと口サイズの小さな餃子が出来あがったのだ。柚子胡椒を溶いたポン酢で食べるのが博多流で、「よかたい」の博多一口餃子にも柚子胡椒が添えられていた。ポン酢も、各席に常備されている。

グレープフルーツサワーは、なぜかデュワーズのジョッキで提供された。飲んでみると、明らかにナカは焼酎で、ウイスキーが使われているとは思えない。居酒屋では、メーカーから銘入りのグラスやジョッキが提供され、店では対応するメニューのみに使用することが多い。対応するジョッキが出払っている場合には、汎用のグラスで提供する。異なる銘の入ったグラスやジョッキは、あまり使わないものだ。たまたまこれしかなかったのか、それとも細かいことは気にしない博多っ子気質なのか。ともあれ、これだけ飲み食いして会計が１０８２円で済むのだから、ありがたい話だ。

このように、博多駅の駅酒場の充実ぶりは、全国のマンモス駅の中でも異質であると言える。なぜこれほどに駅酒場が深く根を張ることになったのか。その答えは、駅の歴史にあると言えそうだ。

現在のマンモス駅の多くは、改築やリニューアルなどはあっても、場所自体は戦前から変わっていないことが多い。多くの人々が集まるマンモス駅周辺には、戦後の動乱期に闇市や大衆娯楽施設が乱立し、その周囲に繁華街が形成されたことで今日の繁栄を生み出している。上野のアメヤ横丁や新宿の歌舞伎町がその典型例だ。しかし博多駅は、戦後の混乱がひと段落し高度経済成長期に入った後の1963年に移転改築されている。旧博多駅は、現在の地下鉄祇園駅近くにあったが、駅の敷地が狭隘で混雑が限界に達していたため、南東へ地下鉄のひと駅ぶん離れた現在地に移転したのだ。そして、駅を中心として計画的な街づくりが進められ、オフィス街として発展していった。このため、博多駅周辺には大規模な繁華街がない。駅の外に出ても飲食需要を満たせないのだから、駅ナカが発達していったのは自然な成り行きだったと言えるだろう。

つまみは、長さ32cmのごぼう天 ~西鉄福岡(天神)駅~

博多を取り上げたのだから、天神も取り上げないわけにはいかないだろう。ただし、先述のとおり地下街の面白味は博多に軍配が上がるので、ここでは駅ビルの2階にある駅そばにスポットを当てることにしよう。

西鉄天神大牟田線の起点となる西鉄福岡（天神）駅は、福岡市の中心市街地である天神に位置する。1924年に九州鉄道の福岡駅として開業し、西鉄発足により西鉄福岡駅へ改称、さらに2001年に現在の西鉄福岡（天神）駅へ改称している。その結果、正式駅名としては全国唯一（路面電車の停留所を除く）の括弧つき駅名になっている。駅名は、車内アナウンスなどでは「ニシテツフクオカテンジン」と括弧を無視して読み上げられる。正式名称ではないけれどアナウンスなどで読み上げられる駅としては、明治神宮前〈原宿〉駅や押上〈スカイツリー前〉駅といった例がある。いずれも、括弧内に記載された場所へ行きたい人々への便宜を図ったものであろう。特に、勝手がわからない外国人観光客にとっては、ありがたいことなのかもしれない。個人的には駅名が長くなりすぎてあまり好きではないのだが。

1961年に高架化されて三代目となる駅舎が完成すると、大手私鉄としてはいち早く高架下スペースの開発に着手し、西鉄名店街が整備された。当時としては画期的な出来事だったようで、関東や関西の大手私鉄の関係者も視察に訪れたという。

その後一大転機となったのは、1999年に開業した駅ビル「ソラリアステージ」の建設である。従来の線路の末端部をカットし、改札口やホームを南へ移動させ、従来ホームや改札口があった場所に地上6階地下2階の巨大な駅ビルが建設されたのだ。

今回紹介する「博多やりうどん」は、改札を出てすぐの右手にある。つまり、ソラリアステージ建設以前はホームだった場所ということになる。そう考えると、新しく綺麗な店舗にも一抹のノスタルジーが感じられるようになるから不思議なものだ。

博多やりうどんは、西鉄系列の駅そばチェーン。1967年に折尾で産声をあげ、半世紀以上にわたって西鉄利用者に親しまれている。1号店が折尾というのも不思議に思うところだが、当時は門司・折尾間を西鉄北九州線が走っていたのだ（2000年までに全線廃止）。その後、天神大牟田線主要駅の西鉄名店街を中心に店舗が展開された。しかし、近年は閉店が相次いでおり、駅ナカに現存するのは福岡店と久留米店の2店舗のみとなっている。また、これらとは別に、福岡空港国内線ターミナル内にも別業態店舗がある。

名物メニューは、店名そのままの博多やりうどん。九州の駅そばでは定番の丸天とごぼう天をトッピングしたメニューだ。槍に見立てたごぼう天は、長さ32㎝。丼に橋を渡す形で提供され、見た目に圧倒されることもあって人気を博している。

各駅にあった店舗はいずれも小型で、いわゆる駅そば。しかし福岡店はフロアが広く、テーブル席をたく

人通りがとても多い場所なので、店頭でメニューをしげしげと眺める人も多い

これほど長いゴボウ天は、他店では見たことがない

さん配置していることもあり、酒類の提供にも力が入っている。つまみになる一品料理も多数用意している。今回は、つまみに32㎝のごぼう天を注文することがすでに決まっているので、それに合うドリンクをと考えてハイボールを選択した。1000円でお釣りが来る、インパクト絶大なちょい飲みだ。

ごぼう天には抹茶塩が添えられたので、1本は抹茶塩で食べる。ごぼう天が長すぎて箸で操りにくく、うまく塩をつけられない。そこで、ひと口かじっては箸に塩をつけて舐める。この繰り返しになった。カラッと揚がっていて油切れもよいので、上から塩をかけてもみな落ちてしまう。食べづらさは若干感じたけれど、味は抜群だった。衣の厚さがちょうどいいのだ。ゴボウの風味を損なうことなく、香ばしさが演出されている。抹茶塩とハイボールの相性がまたよく、いよいよとなれば抹茶塩だけでも一杯飲めるなと感じた。お金がなかった20代の頃に、居酒屋で韓国海苔だけを肴にして飲んだ記憶が蘇ってくる。

2本目は、各席に常備されている店オリジナルの液体柚子胡椒でいただこう。液体だから、ごぼう天の上からかければ衣に染みこみ、脇に流れ落ちることはない。こちらの方が食べやすかった。柚子胡椒は、刺身や納豆、そばなどとの相性も非常によい。醤油ベースの味が合うものなら、何にでも適応するユーティリティー調味料だ。

周囲を見渡すと、駅そばとは思えないほどふたり連れ以上の客が多い。外国人観光客のグループも多く入店していた。テーブル席をたくさん配置していることに、なるほどと頷く。駅や立地によって、客層は大きく変わる。同じチェーンでも店舗ごとにフロアレイアウトが変わるのは当たり前なのだ。私はソラリアステージがオープンする以前の西鉄福岡駅には降り立ったことがなく、かつて西鉄名店街にどのような店舗が入居していたかも知るところではない。ただ、きっと現在とは客層がまるっきり異なり、駅ナカ飲食店の業態ももっと簡易的なものだったのではないかと想像できる。頭の中でセピア色の駅前風景を思い浮かべながら、ハイボールを飲み干したのだった。

酒も肴も佐賀発。イカの塩辛にも地域性あり〜佐賀駅〜

改札を出て正面方向の駅ナカモール「えきマチ1丁目」がすべてだと思っていた佐賀駅に、新たな駅ナカ商業ゾーンが整備されていた。その名も「サガハツ」。聞いて赤面してしまうようなネーミングだなと思いつつも、これは探訪せずにいられない。グランドオープンは2023年4月26日で、私が駅そばの動向リサーチのため当駅に降り立ったのは同年5月18日。まったくの偶然で、オープンから1か月と経たずに訪問することになったのだ。立地的に改札の裏手になるためあまり目立たないかと思いきや、2012年に廃止された西口改札がサガハツ改札（ICカード専用）として復活している。利便性も問題なさそうだ。

懸念されるのは、この駅にこれほど立派な駅ナカモールを整備して、それに見合う利用者があるのかという点だ。佐賀駅は佐賀県の代表駅であり、県下の駅としては乗降者数も最多である。しかし、駅周辺がとても賑やかかというと、そうでもない。繁華街が形成されているわけではないし、高層ビルが林立しているわけでもない。駅前にあった大型ショッピングセンターも、2018年に閉館してしまった（その後、別事業者のショッピングセンターとして復活）。都道府県の代表駅としては、かなり静かな駅なのだ。サガハツが誕生したことで、駅そばなどがあるえきマチ1丁目が寂れてしまうことも考えられる。もともと佐賀駅を利

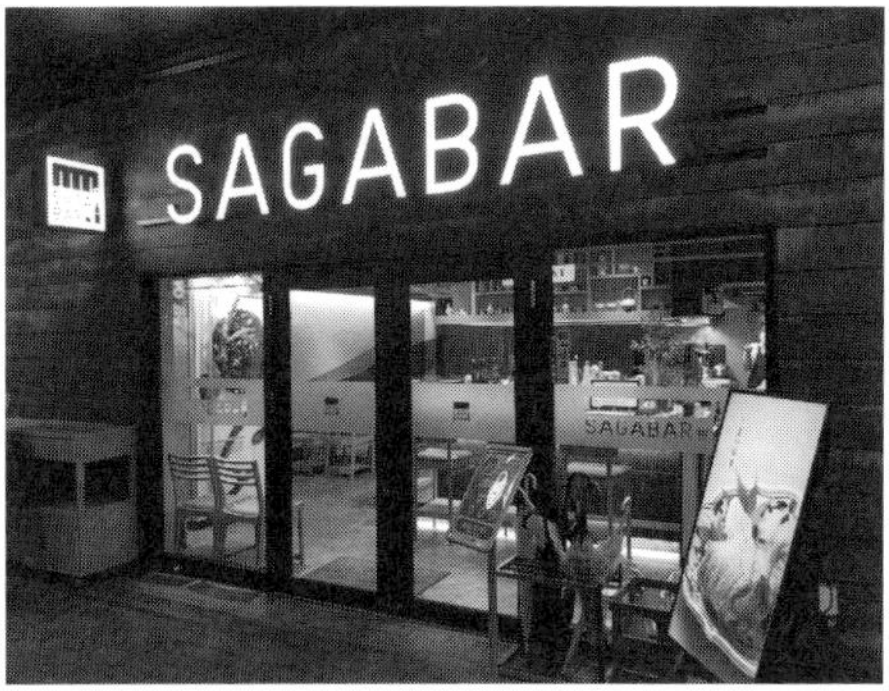

店舗周辺は照明が暗く、路地裏の雰囲気

用している人々だけでなく、外部からどれだけ客を呼び込めるかがポイントになりそうだ。

サガハツは、南北自由通路を挟んでふたつのエリアに分かれている。自由通路の東側は物販店が多く、西側は飲食店が多い。もちろん、酒をメインとする飲食店も多数ある。中には全国チェーン店もみられるが、佐賀グルメを前面に打ち出した店もある。どうせなら酒も肴も地元のものを楽しみたいので、今回は「佐賀を味わう」をコンセプトとする「SAGA BAR」に入ってみることにした。

店頭に立ち飲み席を設けているから大衆的な店かと思いきや、内装は高級感漂うシックなムードで、少々驚く。私のようなバックパックスタイルの旅人には、いささか敷居が高いように感じる。財布の中身に不安を覚えるし、そもそもドレスコードに引っかかるのではないかと心配になる。店内席は私には場違いだから表で立ち飲みをしたいなと思っていたのだが、あえなくカウンター席に通されてしまった。

メニューブックを開いて「時価」とあったら、すぐに店を出よう。そう考えていたが、価格はリーズナブルだった。生ビールが600円だから、本書で紹介する店の中では高い部類だけれど、目玉が飛び出るレベルではない。一品料理も、300円台からある。

ビール、日本酒、焼酎、果実酒、ジン。どのジャンルにも佐賀のものがラインナップされており、目移りしてしまう。この前日に肥前浜駅で日本酒を飲んでいた（後述）ので、店員に日本酒以外でのオススメを尋ね、勧められた有田町のクラフトビール「NOMANBA IPA」を飲んでみることにした。IPAは、第1章の秋田駅以来の登場だ。苦味が強くフルーティーなまろやかさもあるので、時間をかけてじっくり味わうタイプのビールだ。ならば、合わせる肴は脂っこくボリューミーなものより、塩気があって少しずつ食べるようなものがいい。呼子イカの塩辛と、これまた店員に勧められた呉どうふを注文だ。

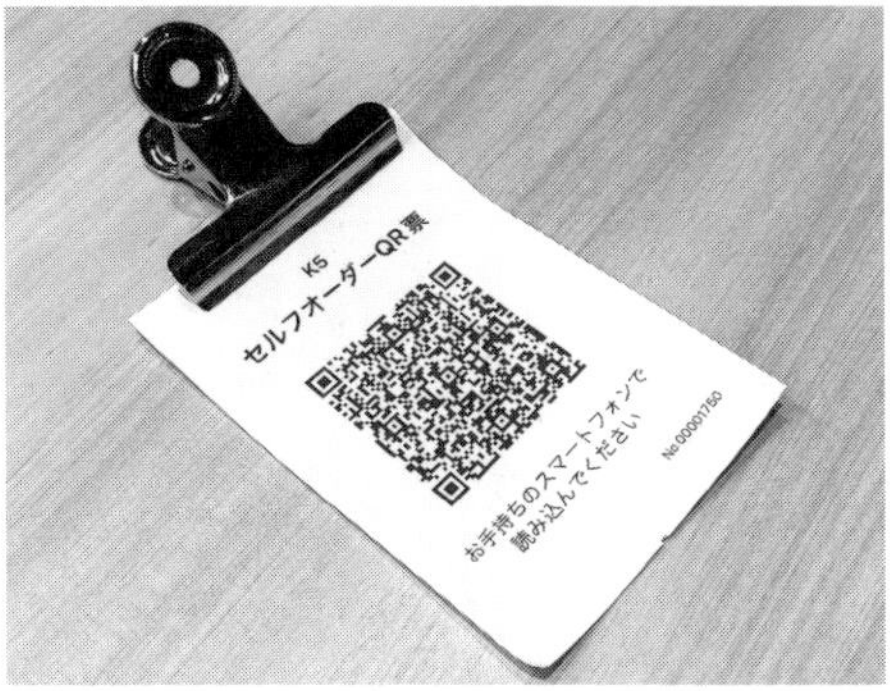

手持ちのスマートフォンでQRコードを読み取ってのオーダーが可能

瓶で提供されたNOMANBA IPAをグラスに傾けると、秋田のなまはげIPAとは全然違う、琥珀色の液体が注がれた。第2章で書いたとおり、ビールの色の違いは麦芽の違いである。NOMANBA IPAには、ドイツ産の麦芽が使われている。エール系だから、ドイツのアルトビールに近い製法なのだろうか。

口に含むと、IPAに特有の強烈な苦味が走る。しかし、苦味一辺倒ではなく、フルーティーなまろやかさと、柑橘を思わせる香りもしっかり主張してくる。第5章で紹介した尾道の「しまなみゴールデンエール」より柑橘香が強いかもしれない。こうなってくると、実際に柑橘類を使っているのか、それともホップ由来の柑橘香なのかを飲み分けるのは至難の業だ。

オール佐賀のちょい飲み。旅先の駅酒場では、最大の醍醐味だと言っていい

グビグビと呷っては勿体ないので、ひと口飲んではグラスを置いて、塩辛や呉どうふで口の中をリセットする。塩辛というと、イカの細切りをワタ（はらわた）で和えるイメージが強いのだが、これは塩漬けだ。東京の感覚で言うと、「たこわさ」のイメージに近い。不思議に思って店員に聞いてみると、九州ではイカの塩辛にワタを使わないのが一般的なのだという。塩辛にも地域性があったとは、驚きだ。イカの鮮度がよくコリコリした歯ごたえがあり、これはこれで美味しい。塩気が強いから、IPAにもよく合う。

一方の呉どうふは、有田町の郷土料理。「くれどうふ」ではなく「ごどうふ」と読む。呉とは、大豆を水に浸してすりつぶしたもの。これを炊いて絞って豆乳を作り、にがりを混ぜて作れば一般的な豆腐になる。しかし、呉どうふはにがりではなく葛やデンプンなどを混ぜ、加熱しながらゆっくり練りあげて作る。このため、プリンのようにプルプルした舌ざわりでありながら、口の中でトロリととろける独特な食感になる。食べてみての印象が近いものを挙げるなら、「ごま豆腐」になるだろうか。甘みもあって、和風スイーツ感覚で食べられる。酒の肴にも好適だ。

私が飲み食いしている間に中年の女性客がひとりで入店し、カウンターの一角で日本酒を飲み始めた。店員と親しげに会話をし、私にはよく分からない蘊蓄が次々に飛び出す。店の雰囲気、いや、このカウンター席の雰囲気に、とてもよく似合っていた。下手の横好きである私は、次回はやっぱり表の立ち飲み席がいいなと感じた。

駅ラーメンでのちょい飲みは、無限ループにご用心 ～唐津駅～

せっかくラーメンの本場に来ているのだから、駅ラーメンでのちょい飲みの話題もひとつ取り上げておこう。やって来たのは、唐津線と筑肥線の列車が乗り入れる唐津駅だ。

ほどよくレトロなムードが漂う。初入店でも懐かしさを覚える駅ラーメンだ

当駅にも、改札を出て正面方向に駅ナカモール「えきマチ1丁目」が整備され、メイン通路を挟んで左右に店舗が並んでいる。しかし、地方都市の駅であるだけに規模は小さく、飲食店よりドラッグストアや学習塾などが目立っている。

その中で異彩を放っているのが、メイン通路から外れた南口出口脇で営業する駅ラーメン「きあげ」だ。ラーメン店に特有の赤い暖簾が目に眩しく、店頭では「冷えてます　生ビール」と描かれた幟がゆらゆら揺れる。地元ではなかなか人気がある店のようで、えきマチ1丁目のメイン通路が閑散としている時間帯であっても、駅に入って脇目もふらずにこの店へ吸い込まれていく人が散見される。列車に乗り降りする人だけでなく、駅周辺の街に暮らす人々も食べにやって来ているようだ。

この店が、生ビールとおつまみを合わせたちょい飲みセットを提供している。これがたいへん便利で、ラーメンは食べずにビールだけ飲んで出ることもできるし、軽く飲んだ後にラーメンで締めることもできる。

おつまみは、串を打った煮豚と味付き玉子、そして青ネギを散らした茹でモヤシ。いずれも、ラーメンのトッピングに用いるものだ。この店ではチャーシューの代わりに煮豚串をトッピングするのが特徴で、とろける旨みが好評。2本のせる「角煮Wラーメン」を注文する人も多い。芯までしっかり染みた醤油ベースのタレが、脂身の濃厚な旨みと絶妙にマッチする。味が濃いから、これ1本だけでビール1杯は充分飲める。加えて味付き玉子まであるのだから、ビールが足りなくなるくらいだ。煮豚串と味付き玉子をセットにしているのは、ビールのお代わりを誘うためなのではないか。そんな邪推が頭をよぎるほど、ビールが止まらなくなる。

煮豚串や煮玉子は何もつけずに食べ、モヤシには餃子のタレをかけるのがオススメ

そして、私は見事に策に落ちるのである。ビールはどうにか1杯で我慢したが、〆のラーメンはもう我慢できない。フラフラと券売機へ向かい、気づいたときにはラーメンの食券を購入していた。

この店のラーメンの特徴は、トッピングの煮豚串だけではない。焼き海苔をトッピングして、それを筏に見立ててコチュジャンのような辛味噌をのせるのだ。この辛味噌をスープに溶くと、スープの味わいがキリッと引き締まる。最初は溶かずに食べ進め、途中で溶かして味を変える。そんな楽しみ方もできる。

スープは九州らしい豚骨ベースだが、ほんのりと醤油の香ばしさも漂う。この醤油の香りこそ、当店の真骨頂。もろみを搾って作られる醤油のうち、搾ったままで加熱処理をしていない状態を「生揚《きあげ》」と呼ぶ。これが、そのまま店名になっているのだから。

スープの味も濃いから、麺を食べ終えた後のスープでビールをもう1

杯飲めそうな気がする。そしてビールを飲むと、またラーメンが恋しくなる。悪魔の無限ループに陥ってしまいそうだ。

メンマ、白髪ネギ、コーン。ラーメンのトッピングには、まだまだ酒の肴になりそうなものがたくさんある。九州なら、高菜漬けもいいだろう。新たな仕入れが発生することなく提供できるちょい飲みセットが、各地の駅ラーメンにあるかもしれない。今後、駅ラーメンを食べる時には、酒やつまみにも注目していくことにしよう。

本邦初！ホーム直結の日本酒バー〜肥前浜駅〜

九州新幹線が開業した当初、新鳥栖で分岐して長崎へ至る西九州新幹線は全線をフル規格で整備するのか、それとも在来線の線路を走るミニ新幹線とするのかに注目が集まっていた。しかし、蓋を開けてみれば、どっちつかずの中途半端なものになってしまった。武雄温泉・長崎間は2022年9月にフル規格で開業したものの、新鳥栖・武雄温泉間は在来線のまま存続。ミニ新幹線すら走らないことになってしまったのだ。武雄温泉・長崎間は、全国で唯一の〝飛び地新幹線〟として開業を迎えたのだった。もちろん新鳥栖・武雄温泉間では、新幹線へ連絡するための在来特急「リレーかもめ」が運転されている。しかし、そもそも新幹線は速さと快適さに意義があるのだから、長崎まで行くのに新鳥栖と武雄温泉でそれぞれ列車を乗り換えるのでは意味がない。ロスタイムが生じるうえ、乗り換える手間まで発生してしまうのだから。

なぜこのような中途半端な新幹線になってしまったのか。それは、県域が通過点となってしまうことを恐れた佐賀県が、新鳥栖から長崎までの全線をフル規格新幹線として整備することに対して首を縦に振らなかったからだ。この議論は現在も平行線をたどっており、新鳥栖・武雄温泉間の新幹線整備については未定のままとなっている。これなら、博多から長崎まで直通する在来特急「かもめ」をそのまま残した方がよかったのではないか。特に長崎県民には、そう考えている人も少なくないだろう。なにしろ、「かもめ」なら乗り換えなしで博多まで行けたのに、新幹線が整備されたら1回乗り換えなければならなくなってしまったのだから。奇しくも、西九州新幹線の列車名は「かもめ」である。博多まで直通してとても便利だった「かもめ」が、武雄温泉までしか行けない区間列車のような存在になってしまったのである。

さらにこの問題は、意外なところにまで暗い影を落としている。長崎本線や佐世保線、大村線といった並行在来線は、当面は廃止することなくJR路線として存続されることになった。しかし、在来特急の「かもめ」が廃止されたことに伴い、長崎本線の肥前浜・諫早間は架線が撤去されて非電化区間になってしまったのだ。完全にマイナーチェンジだ。したがって、従来江北駅（旧肥前山口駅）から長崎駅まで直通運転していた普通列車は肥前浜駅で系統分離され、乗り継ぎが発生することになってしまった。その乗り継ぎも、決して便利とは言えないダイヤ編成だ。新幹線も不便、在来線も不便。いったい何のための西九州新幹線なのかと、呆れるところである。

しかし、この一連のマイナーチェンジが、結果的に追い風となって活気が生まれている駅もある。長崎本線の肥前浜駅は、かつては江北・長崎間を走る普通列車の途中駅に過ぎず、駅周辺に老舗の酒蔵が多くあることから観光客の利用は比較的多いものの、無人駅だった。

きっかけは、2012年に酒造の街である鹿島市内の6つの酒蔵が、自治体などと連携して鹿島の酒をPRするイベント「鹿島酒蔵ツーリズム」を開催したことだった。鹿島市の人口に匹敵する来訪者を集め成功を収めると、毎年3月に開催されるイベントとして定着し、年々動員数も伸ばしていた。

2018年には、列車で訪れる人々のために駅舎をリニューアルし、駅構内に観光案内所を開設。案内所では簡易委託により近距離切符の発売も行うようになった。その後コロナ禍に入り鹿島酒蔵ツーリズムは3年連続で中止となってしまうが、一方では2020年に運転が始まったクルーズトレイン「36ぷらす3」の停車駅となる。36ぷらす3は、5日間かけて九州全土を巡る特急列車で、毎週月曜に長崎本線を走る。つまり、肥前浜駅に停車するのは週に1回だけである。それでも地元の期待は大きく、駅舎に隣接する形で別棟を増築し、佐賀の銘酒などを提供する「HAMA BAR」を開いた。店は駅のホームに面しており、駅ホ

左がHAMA BAR、右が駅舎本屋。厳密には別棟だが、駅ナカとみなしていいだろう

ーム直結の日本酒バーは全国初なのだという。

　そして迎えた、2022年9月の西九州新幹線開業である。長崎本線は肥前浜・諫早間が非電化となったため、江北方面からやって来る列車はすべて肥前浜止まりとなり、多くの旅客が肥前浜駅で列車を乗り継ぐようになる。しかも、その乗り継ぎダイヤはお世辞にも便利とは言い難い。列車待合客は、駅周辺をぶらぶらと散策して酒蔵を見学するか、HAMA BARでのんびり過ごすかの二択になる。HAMA BARが列車待合客で賑わうようになったのは想像に難くないだろう。また、36ぷらす3も、肥前浜・諫早間の非電化によって肥前浜以南へ乗り入れることができなくなったため、長崎まで運転せず肥前浜で折り返すコースに変更された。肥前浜駅は、市内の酒蔵が協力して開催したイベントからクルーズトレインの誘致につながり、駅酒場まで新設されて賑わいを生み出した稀有な例なのである。

　私はそのようなことを何も知らずにふらりと訪れて、それがたまたま月曜日だった。普通列車で肥前浜駅に降り立ったときには中国人と思われる4人組の観光客が居合わせ、「こんなところまで何をしに来たのだろうか?」と疑問に思っていた。HAMA BARには、営業中の札が下がっているのに店内の照明は消えていて、出入口も施錠されていた。観光案内所へ行き、受付の女性に

「今日はバーはやらないんですか?」

と尋ねると、

「大丈夫ですよ。今、開けますね」

と席を立ち、私の先を歩いてバーの出入口を開けてくれた。どうやら、観光案内所のスタッフがバーの店員を兼務しているようである。そしてこの店員と会話を交わす中で、この次にやって来る列車が36ぷらす3で

あることを知るのである。中国人4人組も、36ぷらす3の到着を待っていたに違いない。

36ぷらす3は、肥前浜駅で50分ほどの停車時間が設定されている。この間に、ボランティアガイドによる酒蔵と古い町並みの見学ツアーが行われる。それが終わって駅に戻り、HAMA BARで軽く一杯飲むとちょうど発車時間、というわけだ。

ならば、店が混み始める前に一杯いただこう。メニューにはビールやサワーなどもあるが、酒蔵が中心となって賑わいが生み出された街なのだから、飲むのは当然日本酒だ。日本酒は、1杯ちょい飲み、3蔵の飲み比べセット、5蔵の飲み比べセットがベース。そしてそれぞれに純米、純米吟醸、大吟醸がある。本醸造酒を扱っていないところに、こだわりと自信が垣間見える。せっかくだから5種の飲み比べにしよう。ただし、大吟醸や純米吟醸は少々お高いので、600円で楽しめる純米酒を選んだ。600円で純米酒をお猪口5杯飲めるのだから、良心的な価格設定だ。簡単なつまみも用意されていたので、塩海苔と柚子空豆がセットになった「かしまセット」とまる天をオーダーした。

そうこうしているうちに、ホームに6両編成の列車が滑り込み、20人ほどの乗客が降りてきた。いつの間にか駅前にやって来ていた赤ジャンパー姿のボランティアガイドに先導され、古い町並みを目指してそぞろ歩いていく。

セットの日本酒はいずれも鹿島市内の酒蔵のもので、幸姫、能古見、鍋島、光武、蔵心の5種。このうち幸姫、鍋島、光武の3蔵が、肥前浜駅から徒歩圏内にある。そして、能古見と鍋島は〝特別純米酒〟となっている。特別純米酒は、純米酒の中でも精米歩合が60％以下であるか特別な醸造法で造られた酒に付される名称だ。精米歩合60％以下なら吟醸を名乗れるわけで、わざわざ特別純米を名乗る必要はないように思うと

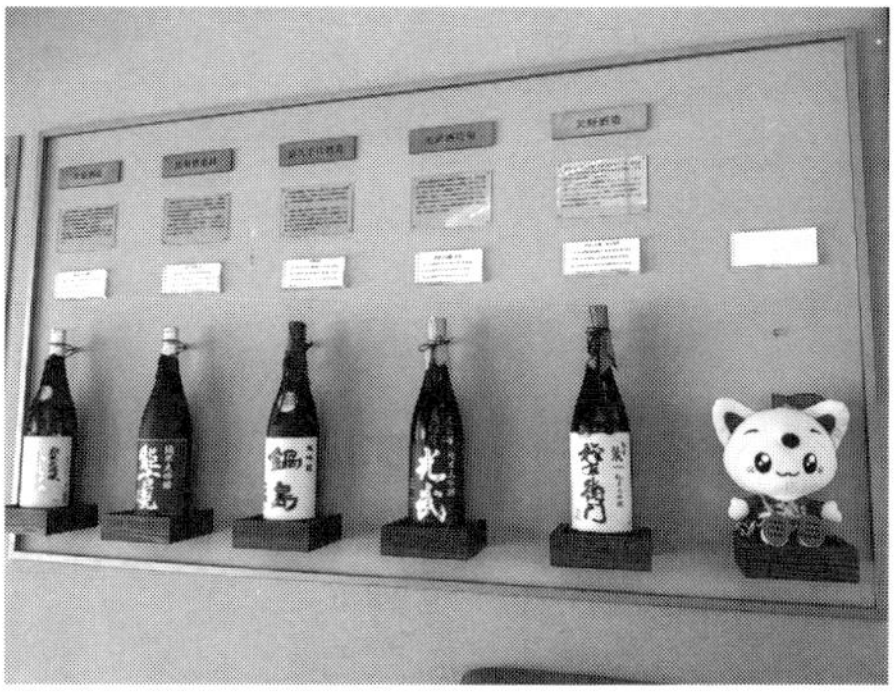
店内には、各銘柄の解説もある。これを読んで好みの見当をつけるのもよい

ころ。しかし、たとえば吟醸酒を精米歩合55%で造っている酒蔵が、それとは別に精米歩合60%の酒を造れば、混同を避けるために特別純米の銘を付すわけだ。

まずは、見た目で比較。5つ並べると、微妙な色の違いがよく分かる。黄色みが濃いのが、幸姫。逆に、鍋島はほとんど色がないように見える。飲んでみると、どれもズシッとした重厚感とフルーティーな甘みがある。その中で特に私の舌に合っているなと感じたのは、鍋島だった。とろみがあるように感じるほど重厚感のある飲み口で、ツンと鼻腔を突き上げる辛みがあまりない。とてもまろやかで美味しかった。肥前浜駅から一番近い酒蔵であり、宿泊施設も経営しており宿泊者には非公開の酒蔵も案内してくれるという。機会に恵まれたら、ぜひ泊まってみたいものだ。

黒光りのする車体が格の高さを感じさせる36ぷらす3。車内には、ビュッフェもある

ちょうど全部飲み終わった頃に、36ぷらす3の乗客一同が駅に戻ってきた。そのうち、夫婦と思われる中年男女がＨＡＭＡ ＢＡＲに入ってくる。しかし、残念ながらふたりとも下戸で一滴も飲めず、コーヒーの注文だった。奥さんの方が私に

「お酒が飲める人を羨ましいって、初めて思ったわ」

と声をかけてきたのが印象に残った。

36ぷらす3が発車すると、肥前浜駅には私が降り立ったときと同じ静寂が戻った。日本酒を飲んでほどよく酔いが回ったことも奏功したのか、なんだか白昼夢から醒めたような気分になった。

さて、私もそろそろ普通列車に乗り込むとするかな。

つまみは簡易的。まる天は、さつま揚げのようなもの。電子レンジで温めてくれる

〝とりあえず〟、ワンコインで駅ナカ角打ち ～熊本駅～

熊本駅も、新幹線の開業で大きく様変わりした駅のひとつだ。かつてはホームに駅そばが2軒あり、それとは別に駅ラーメンもあったのだが、新幹線の開業後に在来線もホームが高架化され、これに伴うリニューアルで改札内からほとんどの店舗が消えてしまった。

駅ナカ店舗は、改札外に整備された駅ナカモールに集約されている。2018年に「肥後よかモン市場」、2021年には「アミュプラザくまもと」がオープンし、駅に賑わいは戻った。しかし、改札内は現在もガランと広いだけで何もない状態が続いている。

酒類を提供する飲食店は、肥後よかモン市場に多く集まっている。間仕切りのない開放的な店舗が多く、新しい駅ナカモールにしては通路が狭く、横丁ムードもいくらか感じられる。しかし、私が向かったのはこの飲食店エリアではなく、物販ゾーンにある酒店「うしじま酒店」だ。この駅ナカ酒店が立ち飲みコーナーを併設し、気軽に角打ちを楽しめるのだ。この手の店を取り上げるのは、浜松駅以来である。角打ちは西日本にはない文化なのかと思っていたが、そんなことはなかった。

むしろ、角打ちの発祥は九州だと言われている。八幡（北九州市）の製鉄所で夜間に働く人々が、仕事終わりに酒を欲して、朝から営業している酒屋に集まるようになった。やがて買った酒をその場で飲むようになり、見かねた店主が立ち飲みスペースを用意したことで角打ちの文化が出来あがったのだ。

うしじま酒店の角打ちは、メニューがなかなか豊富だ。日本酒はもちろん、焼酎、ビールに果実酒まで揃う。駅ナカらしく、ノンアルコールのドリンクもある。そして、これまでに紹介してきた駅ナカ角打ちにはなかっ

清潔感のある店舗。荷物入れの籠を用意しているのもありがたい

た、銘柄表示のない「コップ酒」を提供している。これが、この店最大の特徴と言ってもいいかもしれない。駅ナカ角打ちは、単に酒を飲めるというだけでなく、その土地の地酒をPRする狙いがある。銘柄を表示しないと、意味をなさないのだ。したがって、この店は地酒PR型の角打ちであると同時に、単純に短時間でサッと立ち飲みを楽しむ街場の角打ちの要素も含むことになる。地域の人々が仕事帰りに寄ってコップ酒を一杯、という趣もある店なのだ。

それなら私もコップ酒を飲もうかと思ったが、メニュー表を隅々まで見て、もっとコストパフォーマンスがよいメニューがあることに気づいた。それは、「さしよりセット」。日本酒または焼酎1杯と、店にお任せのおつまみがセットになって、500円。なんと、ワンコインでちょい飲みが完結してしまうのだ。しかも、日本酒は純米酒、焼酎は球磨焼酎から選べる。コップ酒が300円であることを考えれば、さしよりセットの方が遥かにお得だ。なお、「さしより」とは熊本弁で「さしあたって」「とりあえず」といった意味だ。駆けつけ一杯感覚のちょい飲みセットということだろう。

お手拭の包装にもくまモンがプリントされており、写真映えもバッチリ

私は、日本酒から亀萬を選択。人気ゆるキャラのくまモンがプリントされた升にグラスを入れ、こぼれるほどに注ぎ入れる。500円の客に、純米酒をこれほどサービスしてしまってよいのだろうか。お任せのつまみは、小さめの鶏唐揚げが3個。一味唐辛子をかけたマヨネーズが添えられた。

亀萬は、熊本県南部に位置する人吉市の地酒。天然醸造の酒蔵としては、日本最南端なのだそうだ。それを意識して選んだわけではないのだが、結果的に第1章で最北端の國稀を制し、熊本で最南端の酒も味わうことになった。自然と、達成感がこみ上げてくる。ほどよく辛口で、純米酒ならではの丸みも感じられる。さほど重厚な質感はなく、純米酒としてはサラリとしている印象だった。

角打ちコーナーには、目隠しのタペストリーが掛けられている。店の前がベンチを並べた休憩所になっているための配慮だろう。飲んでいる姿をじろじろ眺められるのはあまり気分のよいものではないので、とてもありがたい。しかし、上体を傾けてこちらを覗きこむ男の子とは目が合ってしまった。座高が低い子どもの視線を遮るには、タペストリーが少々短かったようである。目隠しがあればなおのこと、何をしているのかと気になったのだろうか。

君は、15年後のお楽しみだね。

コップ酒で、気分は昭和の大衆酒場 ~別府駅~

別府駅は、温泉湧出量日本一である別府温泉の玄関口。駅前広場にも無料で利用できる手湯があり、駅から徒歩圏内にもいくつもの温泉浴場がある。中でも有名なのは、駅前通り沿いにある駅前高等温泉だろう。1924年に建てられた洋風建築は大正ロマンあふれる佇まいで、ほとんどの観光客が一度は足を止める。入浴はせずとも、しげしげと眺めて、記念写真を撮る。2階の広間や個室での宿泊もでき、格安宿としても人気がある施設だ。

駅周辺にも観光資源が点在していることから、当駅は観光客が多く利用する。一方では、駅近くに高等学校が多数あるため、高校生の利用もたいへん多い。朝夕は高校生、日中は観光客。時間帯によって、行き交う人々の顔ぶれがガラリと変わる。

駅ナカにも、観光客に喜ばれそうな店舗と普段使いに好適な店舗がある。中央通路を挟んで北側の「B-Passage」は、どちらかというと観光客向け。南側の「BIS南館」には、普段使い向けの店舗が多い印象だ。

駅前広場の手湯。暖簾に「混浴」と表示されているのが面白い

北側エリアには、かつて規模の小さなフードコートが整備されていた。そこには、別府冷麺や日田焼きそば、大分とり天など大分県内の名物B級グルメを提供する屋台風の飲食店「なつま屋」があった。2017年に、雑誌の企画で取材に訪れたことがある。簡易的な店舗だから酒類の提供はなかったかもしれないが、もしあればぜひ本書でも取り上げたい。そう思っていたのだが、当該場所に店舗はなく、フードコート自体が閉鎖されていた。

それならば、と「豊後茶屋」へ向かう。こちらは、観光客に喜ばれそうな大分県の郷土料理を多数提供するほか、普段使いに好適な定食類もある、オールラウンドな駅ナカ飲食店だ。そば・うどんもあり、駅そば感覚で気軽に利用することもできる。

時刻は10時過ぎで、開店直後の訪問だったこともあり、店内は空いていた。仕込みが追いつかないためだろうか、11時までは食事メニューを5種類に絞っての営業となっている。酒類は提供できることを確認して、入店。だんご汁と日本酒を注文した。用意する日本酒は、国東市の地酒「西の関」だ。値段から考えて本醸造と思われるので、冷やではなく常温でいただくことにする。

運ばれてきたのは、絵に描いたようなコップ酒。グラスに銘が入っている以外、一切飾り気がない。このルックスは、第1章に登場した根室駅「北然仁」以来ではないだろうか。観光客の利用が多い店だから、私は陶製の湯飲み茶わんのようなグラスで登場するのではないかと予測していた。だから、意外だった。しかし、私は批判したいわけではない。どちらかというと、嬉しかった。グラスひとつで昭和レトロな大衆食堂の世界観に引っ張り込まれ、今にもプロ野球中継の音声が聞こえてきそうな郷愁を感じることができたのだから。今回の全国探訪の中で、このムードを味わえる駅酒場は思っていたよりも遥かに少なかったから、かえって新鮮だった。

ちびちびと西の関で舌を濡らしながら、だんご汁をいただく。だんご汁は、小麦粉を練って作った〝だんご〟を野菜などと一緒に味噌仕立てのスープで煮込んだ、大分県や熊本県の郷土料理。熊本県では「だご汁」と呼ばれることが多い。だんごという名称から球状の物体を連想しがちだが、私は球状のだんご汁には出合

アツアツのだんご汁と日本酒を組み合わせると、体がよく温まる。冬場に恋しくなる組み合わせだ

ったことがない。多くは、幅広のひもかわうどんのような麺状か、すいとんのような不定形の塊状。円形に平たく伸ばしたものもあるそうだ。私はこの手の味噌煮込み料理が大好きなので、大分や熊本へ行くと1回は食べたくなる料理のひとつだ。「豊後茶屋」では、幅広の麺状に仕立てていたので、イメージは山梨県の郷土料理「ほうとう」に近い。

ほうとうと決定的に異なる点があるとすれば、それは味噌だ。合わせ味噌ではなく白味噌仕立てであり、全体的に甘みが強い印象だ。一般的に、東日本の味噌は塩気や香ばしさが強く、西日本の味噌は甘みや熟成味が強い。両者の溝はなかなか深く、北海道出身の私の父は、愛媛県出身の母の郷土で出される味噌汁を苦手としている。母と50年以上連れ添って、80歳を過ぎてもまだ苦手なのだから、きっと〝生涯苦手〟を貫き通すのだろう。その点、私は北海道と愛媛県のハイブリッドである。東の辛味噌も西の甘味噌も、大好物だ。酒との相性についても、疑問を差し挟む余地はないと考えている。甘かろうと辛かろうと、味噌は美味しい。味噌だけでも、酒を飲める。

懐かしい店との邂逅と、〝麦チョコ焼酎〟との出合い ～別府駅～

だんご汁を食べて西の関を飲んだことで一定の満足感が得られたので、このまま別府の街を去るつもりだった。しかし、乗車予定の列車までだいぶ時間があったので、南側高架下の「べっぷ駅市場」でも覗いてみようと思い、通り抜けるためにＢＩＳ南館へ足を踏み入れる。するとここで、思いもよらぬ出合いが待っていた。なんと、Ｂ-Ｐａｓｓａｇｅから姿を消した「なつま屋」が、ＢＩＳ南館に移転オープンしていたのである。相変わらずテイクアウトが中心の簡易的な店舗で、窓際に設けられた休憩スペースで飲食が可能。

日田焼きそばに別府冷麺、大分とり天も健在だ。

懐かしさのあまり駅酒場企画のことはすっかり忘れて、無性に日田焼きそばを食べたくなった。そこで、パック詰めになったテイクアウト仕様の焼きそばをひとつ購入する。会計は、660円。財布を取り出し、小銭入れを開ける。

そこで、ふと手が止まった。レジ脇のビニールカーテンに小さなポップがいくつか貼られており、その中に「大分麦焼酎 兼八」と「芋焼酎魔王」があったのだ。酒の提供があるのなら、ここも立派に駅酒場だ。休憩スペースには「この場所での飲酒禁止」との表示が出ていたので、念のため店員に確認する。休憩スペースの表示は外部からの持ち込みに対するものであり、「なつま屋」で購入した酒類を飲むぶんには問題ないとのこと。それなら、一杯飲んでいこうではないか。魔王は鹿児島の焼酎なので、同じ九州ではあるが地元とは言い難い。大分県では大分県の酒を楽しみたいので、ここでは宇佐市の焼酎である兼八をロックで飲んでみることにした。こちらも、使い捨てのプラカップでの提供。テイクアウトも可能な仕様になっている。ただし、氷を含め、飲み残しや食べ残しは共用のごみ箱に捨てないように注意を。飲み残し等がある場合には、使い捨て容器であっても店舗へ返却するようにしよう。

兼八の味わいを表現する際には、必ず用いられるフレーズがある。それは、「麦チョコの風味」。独特な甘さと香ばしさが、このように表現されるのだ。私は普段あまり焼酎を飲まないので、正直に言うと焼酎の味についてはあまり語れない。それでも、麦チョコかどうかはともかくとして、確かに甘みとロースト香は感じられた。つんと鼻を突きあげる消毒のような刺激はあまりなく、これなら焼酎があまり得意ではない私でも抵抗なく飲める。

焼酎には、甲類と乙類がある。これは蒸留方式の違いで、甲類は連続式蒸留焼酎、乙類は単式蒸留焼酎で

周りが殺風景なだけに寂しげな雰囲気
だが、テイクアウトを中心に客数は多い

ある。連続式は短期間でアルコールを生成するため大量生産向きで、主原料の風味が残りにくく癖のないさっぱりした風味に仕上がる。単式は昔ながらの製法で、主原料の風味を強く残すため癖はあるが味わい深い焼酎となる。また、乙類焼酎のうち主原料などで特定の条件を満たすものは「本格焼酎」を名乗ることができる。裏を返せば、本格焼酎を名乗っているものはすべて乙類である。今回私が飲んだ兼八は、乙類焼酎。今まで私が苦手としてきたのは、主に甲類の焼酎だった。甲類と乙類では、だいぶ味のイメージが違う。乙類なら、私でも美味しく飲めそうだ。この先、旅はいよいよ九州南端の鹿児島へ続く。鹿児島といえば、焼酎のメッカ。ぜひ、鹿児島でもロックで乙類焼酎を飲みたいものだ。

　そして、鉄板でじっくり焼くため麺が固いことで知られる日田焼きそばだ。実際に食べてみると、確かに固い。多めの油で揚げ焼きにするため、カタヤキソバに近いものになる。上からかけた餡が染みて、少し柔らかくなったカタヤキソバ。そんなイメージだ。だから、固いのだけれどしっとりしていて、パリパリ感はない。ウェッティなのだ。私はカタヤキソバが大好き。たいへん美味しくいただけた。

　Ｂ‐Ｐａｓｓａｇｅのフードコート閉鎖で、一度は大きく落胆した。しかし、結果的にコップ酒で昭和レトロの世界に浸ることができ、ＢＩＳ南館では「なつま屋」と邂逅。そして、地元の焼酎との思いがけない出合い。なんとも波乱万丈な別府駅探訪となった。こういうことがあるから、旅は面白い。今の私があるのも、きっと学生時代に波乱万丈な旅を繰り返したからだろう。学生時代の旅が予定どおりに進んで予定どおりに終わるものばかりだったなら、今の私はなかったと思う。もしかしたら、その方が幸せだったのかもしれない。それでも私は今、自分の人生が愛おしくてたまらない。

酒もつまみもテイクアウト仕様で、お祭りの出店のムードだ

〝だいやめ〟の一杯は、薩摩の黒焼酎 ～鹿児島中央駅～

九州新幹線の終着・鹿児島中央駅までやって来た。駅酒場を訪ねる全国縦断の旅も、いよいよフィナーレを迎える。最後に紹介するのは、新幹線改札内で駅そばと並んで営業する焼酎スタンドだ。

鹿児島中央駅は、1913年に武駅として開業し、1927年に八代・川内間が開通して鹿児島本線が全通したのを契機に西鹿児島駅へ改称。2004年には九州新幹線開業に伴い鹿児島中央駅に改称されている。

実質的に鹿児島市の中心地に位置する駅であるが、市街地からやや北に外れた鹿児島駅が先に開業していたため長らく西鹿児島駅として親しまれ、「東西南北がつく駅の方が格上」という状態が続いていた。この珍現象が、九州新幹線開業に伴う駅名変更で解消された形だ。

新幹線の開業によって、駅ナカも飛躍的に発展した。開業と同年にオープンした駅ビル「アミュプラザ鹿児島」は地上7階地下1階の大規模なもので、屋上にはなんと観覧車まで設置されている。直径約60m、最大高約91mの観覧車は遠くからでもよく目立ち、鹿児島の新たなランドマークになっている。

アミュプラザまで足を伸ばさずとも、コンコースにも多くの店舗がある。改札外には、待合室に隣接する形で各ジャンルの物販店が軒を連ねる「みやげ横丁・ぐるめ横丁」があり、たいていの土産需要はここで満たせる。さらに、新幹線の改札内にも魅力的な店舗がある。向かって右が駅そば、真ん中が焼酎スタンド、左がコーヒーショップになっている「パティオ」だ。だだっ広いコンコースのど真ん中にあるものだから、改札を入って向かっていくと、なんだかサッカーコートにゴールがある光景のように思えてくる。

焼酎スタンドでは、鹿児島県内の焼酎を常時70種ほど揃えており、気

鹿児島中央駅と、駅ビル屋上の観覧車。観覧車には、1回500円で乗れる

軽にちょい飲みを楽しめる。「喜界島」や「れんと」といった離島の黒糖焼酎までラインナップされている。これだけ数があると、どれを選んだらいいのかさっぱりわからない。飲んだことがあるのは、「白波」と「黒霧島」、そして奄美大島のれんとくらいのものだ。

　こんな時は、味の好みを伝えて店員に選んでもらうのが一番だ。「芋焼酎で、あまり癖の強くないものを」とリクエストし、「黒伊佐錦」を選んでもらった。すると、

「黒伊佐錦を飲まれるのなら、おつまみがセットになった「だいやめセット」がお得ですよ」

と教えてくれた。黒伊佐錦は、セットで選択可能な焼酎に入っているわけだ。セットのつまみは、豚軟骨煮かさつま揚げの二択。ここにはピンとくるものがある。どちらも、隣の駅そばで扱っているトッピングだ。相互に転用できるものは転用して、運営効率を上げているのだろう。では、だいやめセットを注文だ。つまみには、さつま揚げを選択した。焼酎は、もちろんロックでいただく。なお、「だいやめ」とは鹿児島弁で、直訳すると「疲れることをやめる」という意味。ここから転じて、晩酌を指すのだそうだ。

　黒伊佐錦は、鹿児島県の北部に位置する伊佐市の焼酎。鹿児島県の伊佐地方は、焼酎造りに欠かせない米やサツマイモの名産地であり、古くから焼酎づくりが盛んに行われている。黒伊佐錦にも、鹿児島県産のサツマイモが使われている。黒麹で仕込み、単式蒸留により風味豊かに仕上げた焼酎だ。

　黒伊佐錦や黒霧島のように、頭に「黒」の字がつく焼酎は、黒麹を使って仕込んだ焼酎である。麹には主に黒、白、黄の3種類がある。黒麹は沖縄の泡盛が起源とされ、仕込んだ焼酎は重厚で味わい深く、クエン酸を多く含むため辛口に仕上がる。白麹は黒麹が突然変異して生まれたもので、すっきりした軽やかな飲み口の焼酎に仕上がる。黄色麹はもともと日本酒向けに生み出されたもので、純米酒を思わせる華やかでフル

3つのブースが一体となった店舗。焼酎コーナーでは、駅弁の販売もある

ーティーな味わいに仕上がるという。ただし、黄色麹はクエン酸を含まないため雑菌に弱く、品質管理が難しいというデメリットがある。

黒伊佐錦は、黒麹で仕込んだ芋焼酎。本来なら重厚で癖が強く辛口という特徴になるところだが、リクエストしたとおりそれほど強い癖はなかった。口の中でもわっと膨張する独特な芋の旨みは、ほどよいレベルだ。これなら、芋焼酎の初心者でも抵抗なく飲めるだろう。

コンコースに露出した席でのちょい飲み。このシチュエーションこそ、駅酒場の最大の魅力かもしれない

コンコースに並べられたテーブルで、忙しなく行き交う人々を眺めながら焼酎をちびりちびり。この特別なシチュエーションも、味わいを深めるのにひと役買う。駅そばは、駅で食べるからこそ美味しい。それと同じ理屈が、駅酒場にも当てはまると思う。だから、単に駅ナカにあるというだけでなく、鉄道の匂いを色濃く感じる駅酒場の方が、美味しく飲める。私のこの考えは、間違っていないと思う。かき氷のイチゴとメロンは、同じ味であるはずなのに色の違いから舌が錯覚を起こしてそれらしく感じるもの。美味しく飲み食いするためには、舌を錯覚させるシチュエーションがとても大事なのだ。

さて、私の長旅は、ここ鹿児島中央駅が終着となる。足かけ半年にわたる駅酒場探訪は、時には台風接近に伴う鉄道の計画運休で挫折を味わい、時にはローカル線の乗り継ぎを巡って時刻表との死闘を繰り広げる、波乱含みのものとなった。全然疲れなかったと言えば、嘘になる。でも、旅の疲れはいつだって心地よいものだ。長く楽しい旅はこのあたりで〝だいやめ〟にして、東京での仕事に疲れ果てたらまた〝だいやめ〟の旅に出ることにしよう。

おわりに

11月。自宅に籠って本書の原稿を組み立てている間に季節は進み、すっかり秋が深まっていた。一部の取材は9月まで続いたが、大半は6月までに終わっていた。7月以降はあまり自宅から出ない生活だったので、盛夏の暑さを実感する機会はわずかだった。２０２３年の私の夏は、ポストに投函されていた電気料金のお知らせを見て目玉が飛び出ただけで終わった。

企画段階では、本格始動から脱稿までをおおむね6か月と見込んでいた。しかし、3月の本格始動から9か月目となる11月に入っても、まだこうして原稿を書き続けている。制作期間が、想定していたより3か月ほど長くなってしまった。その大きな要因は、ふたつあると考える。ひとつは、飲酒を伴う取材だったため、基本的に車が使えなかったということ。これは企画段階で分かっていたことだが、その影響が思っていたより大きく出てしまった。そしてふたつめの要因は、酒の世界は私が思っていたよりも遥かに奥が深かったということだ。とにかく、種類が多い。日本酒は全国津々浦々に地酒があり、それぞれの地酒にも精米歩合や原料、醸造法、殺菌方法などを変えた製品に分かれており、品目数が膨大すぎるのだ。とてもではないが、本書だけで語り尽くせるような世界ではなかった。それが日本酒だけでなくビールや焼酎、ワイン、ウイスキーなどあらゆるジャンルの酒にも通じることなのだから、専門家ではない私では一生かかっても語り尽くせないだろう。

だから、ソフト面に針を振りすぎずハード面にも重点を置いたのは、正解だったと思う。これにより、駅酒場の魅力と特性を一定レベルで伝えることができたと自負している。もし、ソフト面にのみ重きを置いて本書を綴っていたら、目新しい情報などほとんどない、世に出すこと自体に疑問を覚えるような内容になっていたに違いない。

やはり、餅は餅屋だ。専門外の世界を覗きに行くにしても、バスケットボールのピボットのように、軸足は常に自分のフィールドの中に置かなければならない。そのことを再認識させられた9か月間だった。

『今すぐ食べたい！　すごい缶詰150』への寄稿から5年以上の歳月を費やした、駅酒場企画。まるまる3年に及ぶコロナ禍に動けなかったため、これだけの歳月を要した。しかし、コロナ禍の出口が見え始めた中で全国の駅酒場を巡ってみて、駅酒場はこの3年間こそ激動の時代だったということが分かった。新たにオープンする店が多かった中でも、特に駅ナカ酒店の有料試飲コーナー（または角打ち、テイスティングバー）の新設が目立った。これは、全国取材を通じて私がもっとも驚いた部分で、特筆に値することだと思う。

地酒や地ビールは、全国各地にある。それと同様に、鉄道駅も全国各地にある。街の玄関口である駅の構内、すなわち駅ナカという立地は、地元の特産物をアピールするにはうってつけである。そして、酒の世界には、地方だけでなく東京や大阪といった大都市にも〝ご当地もの〟がある。今後、地方でも大都市でも、ますます有料試飲コーナーを併設した駅ナカ酒店が増えていくだろう。もしかしたら、駅酒場という枠組みから独立して、固有のジャンルを形成していくかもしれない。そのくらいに、大いなる将来性を予感させた。

同様に今後普及が進むと考えられるのは、観光客の人気を集めそうなテーマパーク型の駅酒場と、若い世代や女性をターゲットにしたお洒落なビアバーやワインバーなどだ。駅そばが若者と女性をターゲットにした戦略で一定の成果をあげているのと同様に、駅酒場の世界も若者や女性をキーワードに進化していくのではないだろうか。

駅そばと駅酒場は、性格がよく似ている。どちらも、乗り換えを待つ間や通勤通学のついでに、気軽に利用するのに好適だ。駅そばの世界では、2023年5月に上野駅に無人営業の店舗が誕生し、話題を集めている。考えてみれば、今回の取材した駅酒場のなかにもこれに近い性格の店舗があったではないか。第4章で紹介した大和西大寺駅の「YAMATO Craft Beer Table」は、スタッフが常駐しているもののビールの提供はセルフ方式だった。やはり、駅そばと駅酒場は、進化の方向性に共通点が多い。ということは、今後駅そばの世界にもテーマパーク型の店舗が席巻していくことになるのだろうか。駅そば研究に人生を捧げる私としてはおおいに興味深く、今後の動向を注視していきたい。

末筆になりましたが、本書を最後までお読みいただき、ありがとうございました。本書を通じて、皆さんに少しでも旅心が芽生えたなら、筆者冥利に尽きます。また、予定どおりに執筆が進まないなか辛抱強く原稿をお待ちくださった編集部の皆さま、取材を快く受けてくださった駅酒場のオーナーや従業員の皆さまにも、厚く御礼申し上げます。今後も、魅力あふれるテーマを発掘し、目からうろこが落ちるような情報を世に送り出していく所存です。次作以降にもぜひお付き合いくださいますようお願い申し上げます。

〝駅酒場〟探訪

2023年12月15日発行

著者　鈴木弘毅
発行人　山手章弘
発行所　イカロス出版株式会社
〒101-0051
東京都千代田区神田神保町1-105
TEL:03-6837-4661（出版営業部）
印刷　日経印刷株式会社